Helmut Fischer
Einheit der Kirche?

TVZ

Helmut Fischer

Einheit der Kirche?

Zum Kirchenverständnis
der großen Konfessionen

T V Z
Theologischer Verlag Zürich

Bibliografische Informationen der Deutschen Nationalbibliothek
Die Deutsche Nationalbibliothek verzeichnet diese Publikation in
der Deutschen Nationalbibliografie; detaillierte bibliografische Da-
ten sind im Internet über http://dnb.d-nb.de abrufbar.

Umschlaggestaltung

Simone Ackermann, Zürich, unter Verwendung von
Sigisbert (Gijs) Chrétien Bosch Reitz (1860–1938): »St. Johanniskirche in Laren«, 1893 (Kirchgänger vor der St. Johanniskirche); Öl
auf Leinwand, 89 x 129 cm; Singer Museum
Foto: akg-images

Bibelzitate nach: Zürcher Bibel 2007

Druck

ROSCH-BUCH GmbH, Scheßlitz

ISBN 978-3-290-17550-4

© 2010 Theologischer Verlag Zürich
www.tvz-verlag.ch

Inhaltsverzeichnis

Hinführung zum Thema

Viele engagierte Christen wünschen, ja fordern die Einheit der Kirche. Sie nennen dafür gute Gründe:
- Die Christusbotschaft verliert ihre Glaubwürdigkeit, wenn sie von verschiedenen Konfessionen auf verschiedene Weise verkündet wird, von einigen sogar mit dem Anspruch, dass nur bei ihnen die reine Wahrheit zu finden sei.
- Konfessionell gemischte Ehen und Familien werden in die Konkurrenzkämpfe ihrer Kirchen verwickelt und können noch nicht einmal gemeinsam das Abendmahl feiern, das Symbol der Gemeinschaft.
- Kirchen, die in der Öffentlichkeit nicht mit einer gemeinsamen Stimme sprechen, werden nicht mehr gehört.

Der einstimmige Ruf nach kirchlicher Einheit löst sich in ein dissonantes Stimmengewirr auf, sobald gefragt wird:
- Was ist denn Kirche überhaupt?
- Wie soll die Einheit von Kirche aussehen?
- Welche Schritte zu dieser Einheit wären von allen zu tun?

Was Kirche ist, glauben alle zu wissen, aber alle eben auf ihre Weise. Damit ist bereits das Problem umrissen, mit dem jedes Gespräch über Kirche konfrontiert ist. Alle reden von Kirche so, wie sie sie selbst erfahren haben.

Das ist bei Katholiken, Orthodoxen und Protestanten unterschiedlich. Die subjektiven Verständnisse von Kirche stimmen freilich nur zum geringen Teil mit dem Selbstverständnis jener Kirchen, für oder gegen die gestritten wird.

Gespräche, in denen man sich gegenseitig die Gemeinsamkeiten bestätigt tun gewiss der ökumenischen Zusammenarbeit auf Ortsebene gut. Aber die Einheit der Kirche wird ja nicht durch die Gemeinsamkeiten verhindert, sondern durch die Differenzen. Deshalb müssen sich ernsthafte Bemühungen um die Einheit der Kirche auf die Differenzen richten, die bereits in den Selbstverständnissen der Konfessionen angelegt sind. Dazu ist es nötig, das Selbstverständnis sowohl der eigenen als auch der anderen Konfessionen in ihren Grundstrukturen zu kennen.

Von kirchlicher Einheit lässt sich sinnvoll nur reden, wenn man sich dessen bewusst ist, welche Kirchenverständnisse und Kirchenstrukturen zur Einheit zusammengeführt werden sollen.

Was Einheit sein und wie sie verwirklicht werden könnte, das kann nur aus der Logik der jeweiligen kirchlichen Selbstverständnisse erhoben werden. Einheitswünsche und Einheitsforderungen, die jenseits dessen bleiben, wie Kirchen sich selbst und wie sie mögliche Einheit verstehen, bleiben illusionär und haben keine Chance, gehört zu werden. Wenn ökumenische Gespräche nicht Unterhaltungsveranstaltungen bleiben sollen, dann kommen die Gesprächsteilnehmer nicht umhin, sich mit den konfessionellen Gegebenheiten und Perspektiven zum Thema Einheit realistisch auseinanderzusetzen. Für diese geistige Auseinandersetzung versucht dieses Buch die erforderliche Informationsbasis bereitzustellen und einige Hilfen zu geben.

Eine standortlose Perspektive, aus der sich Kirchen objektiv wahrnehmen und beschreiben ließen, gibt es nicht. In jede Aussage über Kirche geht die Perspektive des Autors mit ein. Der Verfasser dieses Textes ist in der protestantischen Kirche beheimatet, aber darin nicht gefangen. Ich bemühe mich darum, die Selbstverständnisse der Kirchen aus deren offiziellen Dokumenten zu entfalten. Die selbstkritischen Gedanken zu meiner Kirche formuliere ich selbst. Die Selbstkritik innerhalb der orthodoxen und römisch-katholischen Kirche lasse ich durch Stimmen aus diesen Kirchen zu Wort kommen.

Der Charakter des Buchs

Das Buch ist für Leser/-innen und für Gesprächskreise verfasst, die elementare Informationen zum Thema »Kirche«

und »Einheit der Kirche« suchen. Für die Vielfalt der Zugangsmotive wurde ein offenes Konzept gewählt, in dem sich jeder mit seinen Fragen und Interessen seinen eigenen Leseweg suchen kann. Das Buch ist zwar systematisch aufgebaut, aber doch so angelegt, dass man nach persönlichen Interessen an jeder Stelle »einsteigen« kann. Die einzelnen Kapitel sind so ausformuliert, dass sie in sich selbst verständlich sind und nicht die gesamte Lektüre des zuvor Dargelegten voraussetzen. Zudem sind Verweise auf Ergänzendes eingefügt. Die systematisch Lesenden werden mit Rücksicht auf die Lesegewohnheiten anderer dem Verfasser hoffentlich die Wiederholungen nachsehen, dort, wo sie sie stören.

Der Text beschreibt nicht nur den »Ist-Zustand« der konfessionellen Kirchenverständnisse, sondern zeigt, wie und weshalb das Gewordene so geworden ist, wie es gegenwärtig ist und wo die entscheidenden Weichen dafür gestellt wurden. Er beschränkt sich dabei bewusst auf jene wesentlichen Elemente und Grundstrukturen, die die Leser/-innen kennen müssen, um sich ein eigenes Urteil über die Möglichkeiten und Chancen einer kirchlichen Einheit zu bilden und am Gespräch über die Einheit der Kirche produktiv teilnehmen zu können.

1 Was uns die Namen der Kirchen sagen

1.1 Was bedeutet »katholisch«?

Seit dem 4. Jahrhundert bekennen alle Christen die »eine heilige katholische und apostolische Kirche«. In diesem Bekenntnis definiert sich die Glaubensgemeinschaft der Christen. Die genannten vier Charakteristika (eine; heilige; katholische; apostolische) sind allesamt erklärungsbedürftig. Sie werden in unterschiedlichen Zusammenhängen zur Sprache kommen. Hier soll zunächst nur auf die mehrdeutige Bezeichnung »katholisch« eingegangen werden.

Unser deutsches Wort »katholisch« ist von gr. *katholikós* abgeleitet und bedeutet »allgemein«. Seit etwa 100 wurde »katholisch« im Sinn von »allgemein« auf die christliche Kirche bezogen. Während der Auseinandersetzungen mit häretischen Strömungen im 3. Jahrhundert nahm »katholisch« die Bedeutung von »rechtgläubig« an. Das Religionsedikt von 380 (Theodosius I.) erhob das Christentum unter der Bezeichnung *ecclésia catholika* zur alleinberechtigten Reichsreligion. Der Kirchenvater Augustinus († 430) verstand »katholisch« als »umfassend«, »rechtgläubig«, »über die ganze Erde verbreitet« und »immer, überall und von allen geglaubt«. Diese ungeteilt umfassende Kirche zerbrach freilich. Papst Nikolaus I. von Rom (863) und Photius, der Patriarch von Konstantinopel (867) belegten einander mit Bannflüchen und exkommunizierten die Gegenseite. 1054 trennten sich Ost- und Westkirche definitiv voneinander. Beide Kirchen reklamierten fortan für sich, den einen allumfassenden und rechten apostolischen Glauben zu besitzen und zu bewahren und allein im ursprünglichen Sinn »katholisch« zu sein.

Seit dem 12. Jahrhundert wurde in Rom »katholisch« immer eindeutiger mit »römisch« gleichgesetzt. Im gegenreformatorischen Konzil von Trient von 1545–1563 hat sich die inzwischen rom- und papstzentrierte Kirche des Westens als die »heilige katholische apostolische und römische Kirche« definiert. Im Widerspruch zu ihrem Selbstverständnis, die eine wahre Kirche zu sein, nahm sie aber mit der zusätzlichen Bezeichnung »römisch« den Charakter einer von nun zwei christlichen Konfessionen an, ohne freilich ihren Absolutheitsanspruch aufzugeben. Im Lehrbekenntnis von Trient wurden alle Amtsträger auf die »Heilige *Römische* Kirche« verpflichtet. Der vom Trienter Konzil angeregte Katechismus wurde mit Bedacht »*Römischer* Katechismus« genannt. 1568 wurde das »*Römische* Brevier« und 1570 das »*Römische* Messbuch« veröffentlicht. Der Begriff »katholisch« wurde damit auf den Traditionsstrang Roms verengt, aber zugleich mit der Fülle und Ganzheit der christlichen Tradition gleichgesetzt.

1.2   Was bedeutet »orthodox«?

In unserer Alltagssprache gilt als »orthodox« derjenige, der an alten Lehrmeinungen starr festhält. In diesem Sinne kann auch zum Beispiel von einem orthodoxen Marxisten gesprochen werden. Die orthodoxe Kirche sieht sich mit diesem Wortverständnis nicht zutreffend charakterisiert.

Das griechische Wort orthodox ist aus zwei Wörtern zusammengesetzt. Das erste Wortelement, *orthós,* bedeutet »recht/richtig«. Wir kennen diese Bedeutung z. B. aus dem Begriff »Orthographie/Rechtschreibung«. Das zweite Wortelement, *dox,* hat zwei unterschiedliche Wurzeln. Es findet sich zum einen in dem griechischen Wort *dokein* mit der Bedeutung von »meinen/glauben«. Die andere Wurzel liegt in dem griechischen Wort *doxázein,* »lobpreisen«.

Die orthodoxen Kirchen sehen sich als in allen genannten Wortdeutungen beschrieben. Mit »orthodox« als Selbstdefinition bringen sie zum Ausdruck, dass sie sich als die Kirchen verstehen, die das urchristliche, apostolische und frühchristliche Erbe der Kirchenväter samt den sieben ökumenischen Konzilien unverfälscht bewahrt haben, und zwar im Unterschied zur Kirche des Westens, die aus ihrer Sicht davon abgewichen ist. So ist mit »Orthodoxie« die Kirche der rechten Glaubenslehre gemeint. Aber nach orthodoxem Selbstverständnis ist die Kirche nicht auf rechten Lehren und zeitlosen Dogmen gegründet. Der orthodoxe Theologe N. Thon formuliert zugespitzt: »Die orthodoxe Theologie hat ... keine Tradition (im Sinne von Glaubenslehren), sie lebt die Tradition« (Thon, 921) Der orthodoxe Theologe G. Larentzakis verdeutlicht, dass sich seine Kirche »zunächst als Kirche der rechten Lobpreisung des dreieinigen Gottes« (Larentzakis, 15) versteht. Die rechte Lehre erwächst aus der rechten Lobpreisung. Orthodoxe Kirche ist nicht primär lehrende und belehrende Institution, sondern eine Gott preisende und betende Gemeinschaft. Sie lässt keinen Zweifel daran, dass sie sich als »katholisch« im ursprünglichen Sinn versteht. In der heutigen Umgangssprache wird »orthodox« aber selbst von orthodoxen Christen nur selten in diesem inhaltlichen Sinn, sondern durchweg als Konfessionsbezeichnung verstanden.

1.3 Was bedeutet »protestantisch«?

Die Reformatoren wollten nicht eine neue Kirche, sondern Reformen in ihrer katholischen Kirche. Insofern stand eine Selbstbezeichnung für sie zunächst gar nicht an. Die Bezeichnung »Protestanten« kam von den Gegnern der reformatorischen Bewegung, die damit auf die »Protestation« der evangelischen Reichsstände beim 2. Reichstag von Speyer 1529 anspielten. Die reformatorische Bewegung charakterisierte sich selbst als »evangelisch« und meinte damit »dem Evangelium gemäß«. In der Umgangssprache gilt »evangelisch« heute als Sammelbegriff für die lutherischen, reformierten und unierten Kirchen.

Mit dem Wort »protestantisch« verbindet man heute oft die Vorstellung von Protest und Widerspruch. Die reformatorische Bewegung bezog ihre Schubkraft aber nicht aus dem Widerspruch. Darauf weist der Wortsinn sehr deutlich hin. Das Wort »Protestant« ist aus den lateinischen Worten *pro* und *testari* entwickelt worden. Das Verb *testari* bedeutet »bezeugen/Zeuge sein«. Und *pro* bedeutet »für«. Ein christlicher *protestans* (Protestierender) ist demnach einer, der sein Zeugnis für Christus auch öffentlich zum Ausdruck bringt und der dort seinen Einspruch und Widerspruch äußert, wo nach seinem Verständnis das Christuszeugnis, wie es uns in den neutestamentlichen Schriften vorliegt, verdunkelt, verfremdet oder durch fremde Elemente ersetzt wird. Der Impuls des Protestantischen kommt bis heute also nicht aus dem Protest gegen etwas oder gegen jemanden, sondern aus der Verpflichtung, in Glaubensfragen dem Zeugnis der Schrift Vorrang zu geben. Das kommt in der missverstehbaren Kurzformel *sola scriptura* (allein die Schrift) zum Ausdruck, worauf noch näher einzugehen sein wird.

Luther, Calvin und die anderen Reformatoren haben ihren Glauben selbstverständlich als *fides catholica*, als katholischen Glauben im frühchristlichen Wortsinn verstanden und die heutigen Protestanten tun das auch. Die Bekenntnisschriften der lutherischen und reformierten Kirchen definieren sich bewusst als »katholische Bekenntnisse«, als Bekenntnisse zu der einen allgemeinen christlichen Kirche, in die die Christusgläubigen jenseits aller Konfessionsgrenzen als Gemeinschaft eingebunden sind. Es sei freilich auch gesagt, dass römische Katholiken ihren Glauben ebenfalls in der biblischen Botschaft begründet sehen und sich insofern als »evangelisch« verstehen.

1.4 Der Bedeutungswandel von »katholisch«

Das Wort »katholisch« ist im theologischen Selbstverständnis aller christlichen Konfessionen in seinem ursprünglichen Sinn fest verankert. In der Umgangssprache hat es diesen ursprünglichen Sinn weitgehend verloren und ist zur gängigen Konfessionsbezeichnung der römisch-katholischen Kirche geworden. Diese Reduktion wird von der römisch-katholischen Obrigkeit gefördert. Selbst in offiziellen Verlautbarungen der römisch-katholischen Kirche im deutschsprachigen Raum fällt das »römisch« oft weg und wird nur von der »katholischen Kirche«, vom »katholischen Katechismus«, von der »katholischen Erwachsenenbildung gesprochen«. Oft wird sogar auch die Bezeichnung »katholisch« weggelassen und nur von »der Kirche« oder von der »Deutschen Bischofskonferenz« gesprochen und geschrieben, so, als gäbe es nur die eine Kirche und nur römisch-katholische Bischöfe. Die romfreundliche Presse bezeichnet den römischen Papst als »das Oberhaupt der Christen« Diese Verkürzungen bringen das Selbstverständnis der römisch-katholischen Kirche allerdings sehr wirkungsvoll zum Ausdruck, die sich ja tatsächlich als die christliche Konfession versteht, in der allein die Fülle der christlichen Wahrheit verwirklicht ist.

Die Tendenz, das Wort »katholisch« exklusiv für die römisch-katholische Kirche zu reklamieren, kommt auch in der deutschsprachigen Fassung des Apostolischen Glaubensbekenntnisses zum Ausdruck. Einer Kommission von Vertretern der römisch-katholischen, der protestantischen und der altkatholischen Kirchen Deutschlands, Österreichs und der Schweiz war es 1970 gelungen, eine gemeinsame deutschsprachige Fassung des Apostolischen Glaubensbekenntnisses zu erstellen. Lediglich bei dem Wort *catholica* war eine Einigung nicht möglich. Die protestantischen Kirchen hielten es für nötig, das Wort »katholisch« wegen seiner konfessionellen Engführung im gegenwärtigen Sprachbewusstsein mit »christlich« zu übersetzen, um so die allen Konfessionen übergeordnete christliche Glaubensgemeinschaft im Blick und im Bewusstsein zu halten, die alle altchristlichen Bekenntnisse meinen.

Die römisch-katholischen Vertreter bestanden darauf, das Wort »*catholica*« unübersetzt beizubehalten. So bekennen römisch-katholische Christen ihren Glauben mit den Worten: »Ich glaube die heilige katholische Kirche«. Sie meinen in ihrer Mehrzahl ganz unbefangen mit »katholisch« die römisch-katholische Kirche, ohne sich dessen bewusst zu sein, dass sie sich damit aus der alle Christen umfassenden Glaubensgemeinschaft ausgliedern. Diese volkstümliche Gleichsetzung von »katholisch« mit »römisch-katholisch« ist von römischer Seite deshalb gern gesehen, weil sie dem theologischen Selbstverständnis der römisch-katholischen Kirche entspricht, die einzige Kirche zu sein, in der die allumfassende Einheit der Glaubenden bereits voll verwirklicht ist. Das ökumenische Bekenntnis ist dabei zwar sprachlich gewahrt, aber inhaltlich in exklusiv römischer Weise neu definiert.

2   Die Anfänge von Kirche

Die Geschichte der Kirche, das Verständnis ihres Wesens und ihrer Funktionen, entwickelten sich nicht aus einem einheitlichen Konzept, sondern entfaltete sich aus vielfältigen Ansätzen. Dieser historische Tatbestand weist bereits auf jenes Spannungsfeld hin, das wir seit einem Jahrhundert als das Problem von Einheit und Vielfalt der Christenheit diskutieren und in dem Begriff »Ökumene« bündeln. Von der lange gehegten Vorstellung, dass am Beginn eine einheitliche Kirche existiert habe, die erst später in mehrere Teile auseinandergebrochen sei, müssen wir uns verabschieden.

2.1   Der Ursprung des griechischen Wortes
ekklesía (Kirche)

Was drückt sich in der Selbstbezeichnung *ekklesía* aus, mit der die Urgemeinde in Jerusalem ihre Gemeinschaft charakterisierte? Die älteste schriftliche Erwähnung finden wir in einer biographischen Notiz des Apostels Paulus in seinem Brief an die Galater, geschrieben 52/53: »Unerbittlich verfolgte ich die *ekklesía* Gottes und suchte sie zu vernichten« (Gal 1,13).

Ekklesía bedeutet im profanen Griechisch »Volksversammlung«. Bezogen auf die Gemeinde deutet das auf eine überschaubare Versammlung hin, die inhaltlich durch eine besondere Beziehung zu Gott charakterisiert ist. So wird man sich unter *ekklesía* nicht eine Kirche im Sinne einer Großorganisation vorzustellen haben, sondern eine konkrete örtliche Gemeinde, in der sich Christen versammelten, sei es in Jerusalem oder an anderen Orten.

Unser deutsches Wort »Gemeinde« hält den Charakter der konkreten örtlichen Versammlung fest. Das deutsche Wort »Kirche« ist wohl von dem griechischen *kyriakós* (zum

Herrn gehörig) abgeleitet und charakterisiert die Gruppe, die sich um ihren Mittelpunkt, den Herrn, versammelt. Das gilt entsprechend auch für die späteren Versammlungsgebäude derer, die sich als »zum Herrn gehörig« verstehen.

2.2 Die Anfänge von Gemeinde und Kirche

2.2.1 Der historische Jesus und Kirche

Gemeinde im Sinne einer Versammlung derer, die aus dem Geist Jesu leben, gibt es erst nach Ostern. Es überrascht daher nicht, dass der Begriff *ekklesía* in der Jesusüberlieferung der Evangelien nicht auftaucht. Die beiden Stellen in Mt 16,18 und 18,17, an denen von *ekklesía* die Rede ist, gelten in der bibelwissenschaftlichen Forschung seit langem als späte sekundäre Bildungen der palästinensischen Gemeinde. Das Markus- und das Lukasevangelium kennen diese Texte nicht, und auch im Johannesevangelium kommt der Begriff *ekklesía* nicht vor. Es gibt auch keinen Hinweis darauf, dass Jesus die Absicht hatte, eine Kirche zu gründen, oder das gar getan hätte. Ob und inwiefern eine Kirche aus dem Wirken des irdischen Jesus notwendig hervorging, wird an anderer Stelle zu erörtern sein.

2.2.2 Die Urgemeinde

Historisch kann als gesichert gelten, dass sich schon sehr bald nach dem gewaltsamen Tod Jesu im Jahr 30 christliche Gemeinden bildeten. Eine Schlüsselstellung nahm in der Anfangszeit die Urgemeinde in Jerusalem ein. Hier in Jerusalem, der Mitte und dem Heilsort Israels, hatten sich die maßgeblichen Persönlichkeiten des Jüngerkreises Jesu versammelt, zu denen Petrus mit dem »Kreis der Zwölf« gehörten. Sie waren überzeugt, dass mit der Auferstehung Jesu von den Toten die von Jesus verkündigte Endzeit angebrochen sei. Sie wussten Jesus in ihrer Mitte gegenwärtig und verstanden sich als der

Kern des erneuerten Gottesvolkes. Sie nannten sich »die Heiligen«, »das heilige Volk«, »die Auserwählten«, »das auserwählte Geschlecht« und »die königliche Priesterschar«. In der Gewissheit der Gegenwart Christi wussten sie sich zur Predigt und zum Handeln in seinem Namen ermächtigt und stark gemacht.

2.2.3 Erste heidenchristliche Gemeinden

Zur Jerusalemer Urgemeinde gehörten nicht nur Juden. Auch Männer, die aus hellenistischen Kreisen der jüdischen Diaspora stammten, hielten sich zur Urgemeinde. Ihr Sprecher war Stephanus. Hellenistische Judenchristen darf man sich auch als die ersten Missionare vorstellen, die außerhalb Jerusalems Gemeinden um sich sammelten. Das geschah ohne jede zentrale Organisation, rein aus dem Impuls heraus, die von Jesus verkündete Heilsbotschaft auch zu den nichtjüdischen Menschen zu bringen. Als Paulus im Jahr 33, also drei Jahre nach Jesu Tod, seine Heidenmission begann, traf er bereits einige nichtjüdische Christengemeinden an.

Bei einem Treffen mit den Leitern der Urgemeinde (Petrus, Herrenbruder Jakobus und Johannes) im Jahr 48 erwirkte Paulus, dass Nichtjuden, die sich der christlichen Gemeinde anschlossen, keinerlei jüdische Ritualgesetze zu erfüllen hatten. Mit dieser Entscheidung war der christlichen Botschaft der Weg in die religiös so vielfältige hellenistische Welt freigemacht. So entstanden durch private Initiativen (oft durch Händler, die in der Welt herumkamen), vor allem in den Zentren des Römischen Reichs christliche Gemeinden.

2.2.4 Charakter und Gestalt der ersten Gemeinden

Das einigende Band zwischen den Gemeinden war die Christusbotschaft. Die Art und Weise, in der die Gemeinden ihr Gemeinschaftsleben organisierten und ihre Versammlungen gestalteten, hing allerdings von den Gegebenheiten und den

Möglichkeiten am Ort ab. Von Beginn an war es entsprechend vielgestaltig.

Rechtlich oder kultisch geregelte Ämter gab es in den frühen Gemeinden nicht. Jesus hat nirgends Amtsträger eingesetzt. Er rief Menschen in seine Nachfolge. Damit berief er sie in eine Art Dienstgemeinschaft, die den Auftrag hatte, zur Umkehr zu rufen und die anbrechende Herrschaft Gottes auszurufen. Die Begriffe *apóstolos, epískopos* und *diákonos* bezeichneten Funktionen, die aber weder mit einer besonderen Stellung noch einem Rechtsstatus noch einer hohen Würde einhergingen. Diese inoffizielle offene Form einer Glaubens- und Dienstgemeinschaft dürfte der Normalfall von Gemeinde in den beiden ersten Generationen gewesen sein.

2.2.5 »Die Zwölf«

Die synoptischen Evangelien (Matthäus, Markus,. Lukas) berichten, dass Jesus zwölf Apostel berufen hat, deren Namen – mit kleinen Abweichungen – auch genannt werden. Der älteste dieser Texte liegt in Mk 3,13–19 vor: »Und er steigt auf den Berg und ruft zu sich, die er um sich haben wollte; und sie traten zu ihm hin. Und er bestimmte zwölf, die er auch Apostel nannte, die mit ihm sein sollten und die er aussenden wollte, zu verkündigen und mit Vollmacht die Dämonen auszutreiben. Und er bestimmte die Zwölf: Simon, dem er den Beinamen Petrus gab, und Jakobus, den Sohn des Zebedäus, und Johannes, den Bruder des Jakobus, denen er den Beinamen Boanerges gab, das heißt ‹Donnersöhne›, und Andreas und Philippus und Bartolomäus und Matthäus und Thomas und Jakobus, den Sohn des Alfäus, und Thaddeus und Simon Kananäus, und Judas Iskariot, der ihn dann auslieferte.«

Umstritten ist, ob dieser Text einen historischen Vorgang wiedergibt. Plausibel ist die Einsetzung der »Zwölf« hingegen als Zeichenhandlung, mit der zum Ausdruck gebracht wird, dass Jesu Verkündigung darauf zielt, ganz Israel (repräsentiert durch die zwölf Stämme) als das endzeitliche Volk Gottes zu sammeln. Historisch hatte dieser Zwölferkreis wohl keine langfristige Bedeutung. Als Paulus nach seinem Damaskuserlebnis Jerusalem etwa im Jahre 35 erstmals besuchte, verhandelte er nach Gal 1,18f mit den »Aposteln« Petrus und Jakobus, dem Bruder Jesu, der aber nicht zu dem Zwölferkreis gehörte. Der Zwölferkreis verlor bald nach Jesu Tod seine Bedeutung, schon deshalb, weil mit der Heidenmission die Christusbotschaft über Israel hinausdrängte.

2.2.6 Der Charakter der Jerusalemer Urgemeinde

In der Urgemeinde in Jerusalem war eine besondere Organisation zunächst nicht erforderlich, weil sie sich noch im Verband der Synagoge befand. Einer konkreten Struktur bedurfte sie erst dann, als sie sich vom Tempel und der Synagoge löste und als eigenständige Gemeinschaft formierte. In Anlehnung an den jüdischen Ältestenrat bildete man wohl ebenfalls einen Leiterkreis, dessen Sprecher Petrus war. Ob der Kreis der Zwölf dabei noch eine Rolle spielte, ist nicht mehr zu ermitteln. Da sich Petrus wegen seiner Missionstätigkeit unter Juden nur noch selten in Jerusalem aufhielt, übernahm der Herrenbruder Jakobus die Leitung der Gemeinde. Unter seinem Einfluss erhielten die jüdischen Traditionen wieder größeres Gewicht, und das Ältestenamt nahm deutlichere Gestalt als Hüteramt hinsichtlich der Tradition an.

Von einer Besonderheit der Jerusalemer Urgemeinde berichtet Apg 6,1–6. Danach wurde ein Kreis von sieben Personen eingerichtet, der sich der Belange und der sozialen Probleme jener hellenistischen Judenchristen annahm, die in Jerusalem wohnten. Diese Griechisch sprechenden Judenchristen, die nicht am synagogalen und kultischen Leben des Tempels teilnahmen und auch die jüdischen Ritualgesetze nicht einhielten, bildeten wohl schon sehr früh eine eigenständige Gruppe innerhalb der Urgemeinde. Ihr Sprecher, Stephanus, wurde wegen seiner Christusbotschaft und seiner gesetzeskritischen öffentlichen Äußerungen vor der Stadt gesteinigt. In der Apostelgeschichte heißt es dazu: »Und die Zeugen legten ihre Kleider ab, zu Füßen eines jungen Mannes namens Saulus. ... Saulus war einverstanden mit dieser Hinrichtung« (Apg 7,58 und 8,1). Daraus ist zu schließen, dass Stephanus unter den Augen des Saulus/Paulus zwischen 30 und 33 wegen seines Christuszeugnisses als der erste Märtyrer der Christenheit zu Tode gebracht wurde.

2.2.7 Die judenchristlichen Gemeinden im syrisch-palästinensischem Raum

Das Zentrum des hellenistischen Judenchristentums der ersten Zeit lag in Antiochia in Syrien, der damals drittgrößten Stadt im Römischen Reich nach Rom und Alexandria. Die Gemeinden in und um Antiochia waren bereits zu Beginn der 30er Jahre von wandernden Charismatikern gegründet worden. In den ländlichen Gemeinden dieser Gegend gab es bis in das 2. Jahrhundert keine erkennbaren Organisationsstrukturen und wohl auch keine örtlichen Leitungsgremien. Das Matthäusevangelium, das zwischen 80 und 100 im syrischen Raum entstanden ist, kennt weder Älteste noch Episkopen, und selbst von Aposteln ist (sieht man von der Berufung der Zwölf ab) nicht die Rede. Auch das Johannesevangelium (zwischen 100 und 125), das ebenfalls aus Syrien stammt, erwähnt diese Bezeichnungen nicht. Ortsfeste Strukturen für bestimmte Dienste beginnen sich zuerst in städtischen Gemeinden herauszubilden.

2.2.8 Gemeinden im Einflussbereich des Paulus

Paulus wusste sich von seiner Christusvision von Damaskus im Jahr 33 zum »Apostel des Herrn« berufen und dadurch auserwählt und ausgesandt, seinen Namen und seine Botschaft unter den Völkern zu verbreiten. An die Galater schrieb er, dass es Gott »gefiel, mir seinen Sohn zu offenbaren, dass ich ihn unter den Völkern verkündige« (Gal 1,15). Paulus verstand seine Berufung so, wie es Jesus seinen Jüngern gegenüber ausgedrückt hatte: »Wer unter euch groß sein will, sei euer Diener, und wer unter euch der Erste sein will, sei der Knecht aller. Denn auch der Menschensohn ist nicht gekommen, um sich dienen zu lassen, sondern um zu dienen und sein Leben hinzugeben als Lösegeld für viele« (Mk 10,43–45).

Von diesem Verständnis seiner Berufung zum Zeugendienst her hat es Paulus auch als die Aufgabe der Gemeinde und eines jeden Christen betrachtet, die Christusbotschaft durch das eigene Leben vor aller Welt zu bezeugen und in die Welt hinauszutragen. Dieser Dienst erledigt sich nicht spontan und von allein, sondern er muss geordnet geschehen, und zwar sowohl innerhalb der Gemeinde als auch im Wirken nach außen. Dabei geht es nicht darum, Ämter zu verteilen, sondern die Geistesgaben (Charismen) der Einzelnen so einzusetzen, das sie dem Aufbau der Gemeinde und deren Zeugnis vor der Welt dienen.

Was mit »Charisma« gemeint ist, deutet Paulus in 1Kor 12,8–10 an. Er nennt Weisheitsrede, Erkenntnisrede, prophetische Rede, Zungenrede und die Fähigkeit, diese zu übersetzen, sowie Unterscheidung der Geister und Gabe der Heilung. Jeder Getaufte hat danach eine Gabe, die er für das Leben und das Zeugnis in die Gemeinde einbringen kann. Insofern ist jeder seiner Gabe gemäß zum Zeugen- oder Aposteldienst berufen. Es geht dabei nicht um Selbstdarstellung, nicht um Macht und nicht um Ansehen. Denn: »Die uns zugeteilten Gaben sind verschieden, der Geist jedoch ist derselbe. Die Dienste sind verschieden, der Herr aber ist derselbe. Das Wirken der Kraft ist verschieden, Gott jedoch ist derselbe, der alles in allen wirkt. Jedem wird die Offenbarung des Geistes so zuteil, dass es allen zugutekommt« (1Kor 12,4–7).

Innerhalb dieser verschiedenen Dienstfunktionen gibt es

keine verschiedenen Grade der Würde. »Denn wie wir an einem Leib viele Glieder haben, die Glieder aber nicht alle dieselbe Aufgabe erfüllen, so sind wir, die vielen, in Christus ein Leib, im Verhältnis zueinander aber Glieder« (Röm 12,4f). Prophetisch reden, lehren, trösten, heilen, einfache Hilfsdienste leisten, Almosen geben, leiten u. a. sind gleich wichtig und gleich wertvoll. Weder jeder noch einer allein muss alles beherrschen und tun. Bei Paulus ist noch keinerlei Tendenz zu festen Gemeindeämtern erkennbar. Als nicht geschichtlich kann die Notiz in Apg 14,23 gelten, wonach Paulus in jeder seiner Gemeinden Älteste eingesetzt hat.

2.2.9 Die kirchlichen Ämter
Bezeichnungen wie »Lehrer«, »Älteste«, »Diakone«, »Bischöfe« werden im heutigen Sprachgebrauch der Kirchen als theologisch und rechtlich geordnete Ämter verstanden, die nur in offiziellem Auftrag wahrgenommen werden dürfen. Derartige Ämter gab es in den beiden ersten Christengenerationen nicht.

In den von Charismatikern gegründeten Gemeinden lagen feste Ämter außerhalb des Denkbaren. In den paulinischen Gemeinden kannte man Evangelisten, Hirten, Apostel, Propheten und andere Charismen. Man bezeichnete damit Funktionen, die in ihren Schwerpunkten zunächst noch nicht festgelegt waren, sondern nach den örtlichen Gegebenheiten mit konkreten Aufgaben verbunden wurden. In den palästinensischen Gemeinden nahm zuerst die Funktion der Ältesten (Presbyter) als Leitungsgremium der Gemeinde deutlichere Konturen an. In jenen vier Textstellen, die im Neuen Testament von Bischöfen sprechen, werden diese in ihrer Funktion als Aufsichtführende mit den Presbytern gleichgesetzt oder ihnen zugeordnet.

Bemerkenswert ist, dass die christlichen Gemeinden für ihre Funktionsbezeichnungen auf keinen der sakralen Titel der jüdischen oder hellenistischen Umwelt zurückgegriffen haben, sondern an die säkularen Wortbedeutungen anknüpften. Das wird noch auszuführen sein.

2.3 Der Umbruch um die Jahrhundertwende

2.3.1 Örtliche Improvisation der beiden ersten Generationen

In den von Paulus gegründeten Gemeinden begannen sich je nach den örtlichen Gegebenheiten und Möglichkeiten ab Mitte der 50er Jahre Ansätze für Ämter im Sinne von festen Zuständigkeiten herauszubilden. Den Episkopen (Aufsehern) wurde die Aufgabe übertragen, die Mahlfeiern zu ordnen und zu leiten, erforderliche Verwaltungsarbeiten auszuführen, auf Disziplin zu achten und seelsorgerliche Funktionen zu übernehmen. Diakone erhielten die Aufgabe, über die Dienste bei der Mahlfeier hinaus sich der Armen und Kranken in der Gemeinde anzunehmen und das karitativ Notwendige zu tun oder zu organisieren.

Die anstehenden Aufgaben erwuchsen der Gemeinde aus den Impulsen des Evangeliums. Eine Langzeitperspektive war damit nicht verbunden, denn noch lebte man in der Erwartung des nahen Endes. Es erwies sich als sinnvoll, Zuständigkeiten im Sinne einer Arbeitsteilung zu ordnen und zu bündeln. Der Gedanke an herausgehobene Ämter hat dabei noch keine Rolle gespielt. An besondere Amtsvollmachten war ebenfalls noch nicht gedacht. Angesichts des nahen Endes blieb es bei der Improvisation.

2.3.2 Die christlichen Gemeinden lösen sich vom Judentum

Ein Wandel im Verständnis der Ämter vollzog sich erst in der dritten Generation, und zwar um die Wende zum 2. Jahrhundert als Antwort auf die großen Veränderungen innerhalb und im Umfeld der Gemeinden. Hier seien nur die drei wesentlichen angedeutet.

Erste Veränderung: Die christlichen Gemeinden hatten sich

um die Jahrhundertwende überall und endgültig vom Judentum gelöst und zu eigenständigen sozialen Gruppen entwickelt, die sich als solche organisieren und auch nach außen darstellen mussten.

2.3.3 Die Naherwartung erlischt

Zweite Veränderung: Der Kern der Botschaft Jesu ist in dem Satz enthalten: »Nahe gekommen ist das Reich Gottes« (Mk 1,15). Mit seiner jüdischen Religion lebte Jesus in der Erwartung, dass das Ende dieser Welt und das Anbrechen der Herrschaft Gottes unmittelbar bevorstehe. Das Jesuswort »Ich sah den Satan wie einen Blitz vom Himmel fallen« (Lk 10,18) lässt erkennen, dass Jesus in seinem Wirken die Herrschaft Gottes bereits anbrechen sah. In Lk 11,20 heißt es anschaulich: »Wenn ich jedoch durch den Finger Gottes die Dämonen austreibe, dann ist das Reich Gottes zu euch gelangt.« Die Macht des Bösen ist bereits gebrochen. Nach Mk 9,1 scheint es, als habe Jesus den sichtbaren Anbruch der Endzeit (das Reich Gottes) in naher Zukunft, und zwar noch während der Lebenszeit seiner Zeitgenossen erwartet: »Einige von denen, die hier stehen, werden den Tod nicht schmecken, bevor sie das Reich Gottes sehen, wenn es gekommen ist mit Macht.« Dieser Überzeugung waren auch Paulus und mit ihm die Gemeinden seiner Generation, wie aus 1Thess 4,15 (geschrieben 50 oder 51) zu entnehmen ist.

Im letzten Viertel des ersten Jahrhunderts begannen die Gemeinden zu erkennen, dass mit dem sichtbaren Ende dieser Welt und der weltweiten Herrschaft Gottes in unmittelbarer Zukunft nicht zu rechnen sein würde. Sie fingen daher an, sich als Inseln des Reiches Gottes in dieser Welt zu verstehen und sich in einer Art Zwischenphase einzurichten, in der es nun galt, die Christusbotschaft vom Reich Gottes vor und in dieser Welt zu bezeugen. Wer sich auf längere Dauer einrichtet, der muss sich organisieren, um zu überleben. Die Erwartung des Endes dieser Welt und der Gottesherrschaft blieb erhalten, sie wurde aber in eine nicht bekannte Zukunft verschoben.

2.3.4 Die häretischen Strömungen nötigen zu Klärungen

Dritte Veränderung: Der Apostel Paulus musste sich in seinen Briefen, die (mit Ausnahme des Briefs an die Römer) Gelegenheitsschriften sind, immer wieder mit Gegnern auseinandersetzen, die seiner Christusbotschaft widersprachen und ihr andere Inhalte zu unterstellen suchten. Er nennt diese Gegner »falsche Brüder«, weil sie unter dem Vorwand, Christus zu verkündigen, sein Evangelium grob verfälschten (Gal 2,4 u. ö.). Die einen wollten den christlichen Glauben in den Rahmen des jüdischen Denkens zurückholen, andere wiederum forderten aus philosophischer Sicht unbehinderte moralische Freiheiten oder strenge Askese. Diese Probleme wuchsen für die Gemeinden in dem Maße, in welchem sie sich in der hellenistischen Welt ausbreiteten und sich mit den dort vorhandenen Religionen, Kulten und philosophischen Strömungen auseinanderzusetzen hatten. Einige dieser Strömungen versuchten, den christlichen Glauben zu vereinnahmen und in ihr System zu integrieren, so z. B. die Gnosis, eine religionsphilosophische Bewegung, die den Glauben durch Erkenntnis zu ersetzen suchte.

Angesichts dieser Herausforderungen und der Gefahr, sich in einem anderen religiösen Konzept aufzulösen, waren die Gemeinden genötigt, sich auf ihre Wurzeln, auf ihre Glaubensinhalte, auf ihren Auftrag und auf ihr geistiges Profil zu besinnen und dies auch klar zu artikulieren. Dazu mussten auch Strategien für innergemeindliche Klärungsprozesse entwickelt und autorisierte Sprecher eingesetzt werden, die gemeindliche Aktivitäten koordinierten, vermittelten und Auskunft darüber geben konnten, was als christlich galt und was nicht. Damit war ein Entwicklungsprozess in Gang gesetzt, der grundsätzlich nie zu einem Ende kommen, und der ebenso grundsätzlich nicht einsträngig verlaufen kann, da für dasselbe Problem oft mehrere Lösungen denkbar und möglich sind.

3   Die Kirche heute

Von Beginn an haben die christlichen Gemeinden in ihrer Welt
je ihren Weg suchen müssen. Die biblischen Schriften zeigen,
dass sie dafür ihr Gemeindeleben im Rahmen ihrer Möglichkeiten auf jene Bedingungen abstimmten, in denen sie lebten.
Von ihren verschiedenartigen Ausgangsbedingungen her haben Gemeinden und Kirchen in unterschiedlichen Kulturen,
religiösen Umfeldern, Sprachwelten und politischen Begebenheiten in verschiedener Weise Gestalt angenommen und
sich entwickelt. Blicken wir nach 2000 Jahren Kirchengeschichte auf die Kirchen, die sich der Christusbotschaft verdanken, so zeichnen sich drei Kirchenmodelle ab, in die sich
alle bestehenden Kirchen einordnen lassen:
- das im byzantinischen Raum entstandene Modell der Orthodoxie,
- das im lateinischen Westen ausgeformte Modell des römischen Katholizismus,
- das in der Reformation der Westkirche entstandene Modell des Protestantismus.

Was ist in 2000 Jahren aus den Impulsen geworden, die
von dem Galiläer Jesus ausgegangen sind? Wir beschränken
uns in diesem Kapitel darauf, die genannten drei Kirchenmodelle mit einigen historischen Hilfen so zu beschreiben,
wie sie sich dem aufmerksamen Beobachter heute zeigen.

3.1   Das byzantinische Modell der Orthodoxie

3.1.1 Der historische Hintergrund
Als die Christusbotschaft in die Welt trat, gehörten alle Land-
schaften um das Mittelmeer zum römischen Weltreich, das
sich von Spanien bis Mesopotamien und von Nordafrika bis
nach Britannien erstreckte. Galiläa, der geographische Aus-

gangspunkt der Christusbotschaft, lag am östlichen Ende des Römischen Reichs. In den ersten Jahrhunderten seiner Geschichte entfaltete sich das Christentum vor allem in der Osthälfte des Römischen Reichs, um die Zentren Jerusalem, Antiochia und Alexandria und später auch Byzanz/Konstantinopel.

Obwohl es in der Reichshauptstadt Rom bereits wenige Jahre nach Jesu Tod eine christliche Gemeinde gab, wurden der christliche Glaube und das Selbstverständnis der christlichen Kirche zunächst im Osten des Reiches ausgeformt, und zwar im Medium der griechischen Sprache und der griechisch-hellenistischen Kultur. Diese war von den Nachklängen der griechischen Philosophie, von alten Naturkulten und von Mysterienkulten geprägt. Konstantinopel stieg im 4. Jahrhundert zur Hauptstadt der östlichen Reichshälfte auf. Hier wurde 380 die christliche Kirche zur alleinigen Religion erhoben. Die Kaiser drängten nicht nur auf Einigkeit im Glauben, sondern auch auf Einigkeit im Selbstverständnis von Kirche. Unter diesen geistig-politischen Bedingungen hat die Orthodoxie ihr Kircheverständnis ausgebildet.

3.1.2 Die Einheit in der Vielzahl

Die Orthodoxie umfasst gegenwärtig sechzehn orthodoxe Kirchen. Sie verstehen sich in Glaubensfragen als orthodoxe Einheit und stehen untereinander in voller kirchlicher und sakraler Gemeinschaft. Hinsichtlich der Verwaltung bilden sie allerdings autonome Kirchen. Der Erzbischof von Konstantinopel gilt als der ökumenische Patriarch. Er ist unter den Bischöfen ein *primus inter pares* (Erster unter Gleichen), dem von der Versammlung der Bischöfe das Recht übertragen wurde, ökumenische Versammlungen einzuberufen, deren Vorsitz zu führen und ökumenische Angelegenheiten der Orthodoxie zu koordinieren. Er wird weder als Papst verstanden, noch hat er dessen Vollmachten.

3.1.3 Die dreistufige Hierarchie

Die orthodoxen Kirchen haben eine dreistufige priesterliche Hierarchie. Dieser Klerus besteht aus den geweihten Ortsbischöfen als den zentralen Gestalten von Kirche und gottesdienstlichem Leben. In ihrem Auftrag handeln die Priester und die Diakone, die für ihren Dienst vom Bischof geweiht werden. Die Priester können vor ihrer Weihe eine Ehe schließen. Für Bischöfe besteht seit dem 7. Jahrhundert die Pflicht zur Ehelosigkeit.

3.1.4 Die Einheit von Bischof, Kirche und Laien

Die Orthodoxie hat für ihr Kirchenverständnis kein Dogma. Was Kirche ist, das erfährt man, indem man an der göttlichen Liturgie (dem orthodoxen Gottesdienst) teilnimmt, und zwar insbesondere durch die Eucharistie. In der Eucharistie begegnen die Gläubigen dem auferstandenen Christus, hier ereignet sich die Gemeinschaft mit Christus, aus der Kirche lebt. So ist in jeder Ortsgemeinde durch die Eucharistie die Kirche Christi ganz gegenwärtig. Die Eucharistie kann allerdings allein durch den Bischof vollzogen werden oder durch den in seinem Auftrag und in seiner Vollmacht handelnden Priester oder Diakon. So ist der Bischof der tragende Pfeiler der Kirche Christi. Ohne einen konkreten Bischof gibt es demnach keine Kirche.

3.2 Das westliche Modell des römischen Katholizismus

3.2.1 Ausrichtung auf den Papst

Im lateinischen Westen hat sich ein Kirchenmodell entwickelt, das im Bischof von Rom als dem Nachfolger des Apostels Petrus den Stellvertreter Christi auf Erden sieht. Eine feinabgestufte priesterliche Hierarchie ist auf den Papst als die höchste Autorität hingeordnet.

Der Papst besitzt den absoluten jurisdiktionellen Primat (Vollmacht und Vorrang der Rechtsprechung) über alle Nationalkirchen und über alle Christen. Er ist ferner der Inhaber des obersten Lehramts der Kirche und ist dafür mit der Gabe der Unfehlbarkeit und der Irrtumslosigkeit ausgestattet, wenn er in Fragen des Glaubens und der Sitte entscheidet. Kraft seines Amtes als Stellvertreter Christi verfügt er in der Kirche über »höchste, volle, unmittelbare und universale ordentliche Gewalt, die er immer frei ausüben kann« (CIC 331). Seine Entscheidungen sind aus sich, nicht erst durch Zustimmung anderer, unabänderlich. »Gegen ein Urteil oder ein Dekret des Papstes gibt es weder Berufung noch Beschwerde« (CIC 333). Das römisch-katholische Kirchenmodell hat die Struktur einer romzentrierten päpstlichen Universalmonarchie.

3.2.2 Der Bischof

Das Amt des Bischofs ist für das Kirchenverständnis der römisch-katholischen Kirche konstitutiv. Denn auch hier gilt: »Die Eucharistie baut die Kirche« (KKK 1396). »Das ganze liturgische Leben der Kirche kreist um das eucharistische Opfer und um die Sakramente!« (KKK 1113). Die Eucharistie ist »Quelle und Höhepunkt des ganzen kirchlichen Lebens« (LG 11) und sie »enthält das Heilsgut der Kirche in seiner ganzen Fülle, Christus selbst« (PO 5). Der Eucharistiefeier kann nur der Bischof vorstehen oder ein geweihter Priester im Auftrag und in der Vollmacht des Bischofs.

Dem Bischof wird von anderen geweihten Bischöfen, die in der apostolischen Sukzession stehen, »durch die Bischofsweihe die Fülle des Weihesakramentes übertragen« (LG 21). Er ist in seiner Diözese Nachfolger und authentischer Vertreter der Apostel. Mit der Weihe durch bischöfliche Handauflegung erhält der Geweihte ein Amtscharisma im Sinne eines unauslöschlichen Prägemales (*character indelebilis*), das ihn bevollmächtigt, »in der Person des Hauptes Christus« (PO 2) zu handeln. Diese Vollmacht kann er durch Weihe in abgestufter Weise auf Priester und Diakone übertragen.

Die Bischöfe werden vom Papst frei ernannt oder bestätigt. Durch einen Treueeid werden de Bischöfe auf den Primat des Papstes verpflichtet. In der Eidesformel von 1987 heißt es: »Ich ... werde ... dem Papst ... stets treu sein. Der freien Ausübung der primatialen Vollmacht des Papstes werde ich Folge leisten und dafür Sorge tragen, seine Rechte und seine Autorität zu fördern und zu verteidigen.« Die kirchlichen Amtsträger unter dem Bischof werden mit entsprechenden Amtseiden ebenfalls auf den Papst und auf ihren Bischof verpflichtet.

3.2.3 Die Rolle der Theologie

Zum Gehorsam gegenüber dem Papst und den Lehren der Kirche müssen sich auch alle in der Kirche Lehrenden in einem Glaubenseid verpflichten. In dessen Fassung von 1989 heißt es: »Mit festem Glauben bekenne ich auch alles, was von der Kirche ... als göttlich geoffenbart zu glauben vorgelegt wird ... insbesondere hange ich mit religiösem Willens- und Verstandesgehorsam jenen Lehrstücken an, welche entweder der Papst oder das Bischofskollegium bekanntgeben, wenn sie das authentische Lehramt ausüben, selbst wenn sie diese nicht definitiv als verpflichtend zu verkündigen beabsichtigen.«

3.2.4 Kleriker und Laien

Der geweihte Amtsträger wird durch die Weihe in den Stand des Klerikers erhoben, der unter Christus, aber über den Laien, dem ungeweihten Kirchenvolk, steht. Der Klerus hat in jeweils seinem Amtsbereich kraft seiner heiligen Gewalt das Volk zu bilden und zu leiten. Die Laien werden angewiesen, sich von ihrem Bischof und den Lehren der Kirche leiten zu lassen.

3.2.5 Die einzige Kirche Christi

Die von Christus gewollte und verfasste Kirche ist voll nur »verwirklicht in der katholischen Kirche, die vom Nachfolger Petri und von den Bischöfen in Gemeinschaft mit ihm geleitet wird« (LG 8). Gemeinschaft in den heiligsten Dingen (Sakramentale Gemeinschaft) und gemeinsamer Vollzug gottesdienstlicher Handlungen (Konzelebration) ist nur dort möglich, wo der Primat des Papstes und die Lehren der römisch-katholischen Kirche anerkannt werden. Katholiken ist deshalb die Teilnahme am protestantischen Abendmahl untersagt (Fischer 09, 45–61).

3.3   Das Modell des Protestantismus

3.3.1 Der Urgrund von Kirche

Der Protestantismus sieht die Quelle und den Urgrund von Kirche und Glauben nicht in der Eucharistie, sondern im Wort Gottes. Martin Luther schrieb bereits 1519: »Die Kirche ist ein Geschöpf des Evangeliums«. Das auf der Basis der neutestamentlichen Zeugnisse verkündigte Wort Gottes gründet Kirche und stiftet ihre Identität als Kirche Christi. Kirche hat daher keine von Gott verordnete Gestalt. Sie konstituiert sich in der »Versammlung aller Gläubigen, bei welchen das Evangelium rein gepredigt und die heiligen Sakramente dem Evangelium gemäß gereicht werden« (CA VII).

3.3.2 Die Gestalt von Kirche

Das verkündigte Wort Gottes lehrt nicht abstrakte Wahrheiten über Kirche und Glauben, es stellt vielmehr unser konkretes Leben in das Licht der Botschaft von der Liebe. Was sich daraus ergibt, muss unter den jeweiligen Lebensbedingungen der Gemeinde umgesetzt werden. Protestantische Gemeinden können und müssen daher entsprechend ihren kulturellen, wirtschaftlichen und politischen Lebensumständen verschiedene Gestalt haben. Das, was als die Botschaft der Liebe von der Gemeinde durch Wort und Tat in die Welt hineingetragen werden soll, muss am Ort des Geschehens von der Gemeinde entschieden, verantwortet und gestaltet werden. Die Gestalt der Kirche Christi liegt daher in der Verantwortung der Gemeinden oder Regionen, und sie muss sich auch nach den Möglichkeiten der gemeindlichen Zusammenschlüsse richten. Da dies alles keine stabilen Faktoren sind, muss die Gestalt der Kirche für notwendige Veränderungen offen und grundsätzlich variabel bleiben. Protestantische Kirchen zeigen sich daher in vielfältigen Formen der Organisationen, der Schwerpunkte und der gottesdienstlichen Versammlungen.

3.3.3 Die Ämter

Das verkündigte Wort Gottes, das Ursprung und Grund der Kirche ist, ruft alle dazu auf, die empfangene Botschaft des Heils mit ihren Kräften in der eigenen Lebenswelt zu leben und bekanntzumachen. Das drückt der Protestantismus in der Kurzformel vom »allgemeinen Priestertum aller Glaubenden« aus. Damit wird auch gesagt, dass es zwischen Mensch und Gott keiner priesterlichen Vermittlung bedarf, sondern jeder Glaubende Botschafter Gottes sein kann und sein soll.

Die protestantischen Kirchen kennen grundsätzlich nur *ein* kirchliches Amt. Es ist das Amt, mit dem die Gemeinde geeignete und qualifizierte Mitglieder beauftragt, öffentlich zu wirken: als Prediger, als Seelsorger, als Lehrende, in der Öffentlichkeitsarbeit, als Verwalter, als Leiter. Die Bezeichnungen für diese öffentlichen Funktionen bis hin zu den Leitungsämtern sind nicht festgelegt. Die Beauftragung und Bevollmächtigung zum öffentlichen Dienst findet in einer Ordination in einem Gemeindegottesdienst statt. Dadurch wird der Ordinierte weder in einen höheren Stand erhoben noch mit besonderen Geistesgaben ausgestattet. Der Ordinierte verpflichtet sich, aus dem Geist der Heiligen Schrift zu leben und zu handeln. Die Gemeinde bittet um Gottes Geist und Beistand für den Ordinierten.

3.3.4 Die Rolle der Theologie

Der Protestantismus kennt keine festgeschriebenen kirchlichen Dogmen. Das protestantische Prinzip besteht in dem bleibenden Bemühen, Glauben und kirchliches Leben an der Christusbotschaft zu orientieren, wie diese in den neutestamentlichen Texten bezeugt ist. Die Bekenntnisschriften gelten als die historisch bedingten Dokumente dieses Bemühens um das rechte Verständnis der Botschaft Christi. Den Kern und die konkreten Impulse für die jeweilige Gegenwart zu finden, ist nicht einem kirchlichen Lehramt überlassen, sondern bleibt die ständige Aufgabe der offenen christlichen Dialog-Gemeinschaft. Die Theologie hat dabei die Aufgabe, dieser Dialog-Gemeinschaft alle verfügbaren wissenschaftlichen Hilfen bereitzustellen, mit denen die Christusbotschaft erschlossen und für die Gegenwart auch sprachlich präzisiert werden kann. Die Theologie ist dabei der wissenschaftlichen Wahrheit und keinem ihr übergeordnetem Lehramt und auch keiner vorgeordneten Lehre verpflichtet. Ihre Aufgabe besteht auch darin, Glauben und kirchliches Leben mit dem Maßstab der Bibel kritisch zu begleiten. Selbstkritik und Selbstprüfung gehören zum Wesen des protestantischen Kirchenmodells. Es bleibt der Auftrag der Dialog-Gemeinschaft aller Glaubenden, diese Selbstkritik gegenüber allen Beharrungstendenzen einzufordern und auch selbst zu leisten.

4 Das Gewicht der Heiligen Schrift für das Verständnis von Kirche

4.1 Die Berufung auf Christus und auf die Heilige Schrift

Alle christlichen Kirchen führen ihre Existenz und ihre konkrete Gestalt auf Jesus Christus zurück. Sie tun das freilich auf verschiedene Weise. Dabei berufen sich alle auf das Zeugnis der Heiligen Schrift. Wie aber ist es zu erklären, dass sich aus dem recht eindeutigen Schweigen der Evangelien zum Thema Kirche so unterschiedliche Kirchen und Kirchenverständnisse herleiten und begründen lassen? Als Teil einer Antwort soll im vorliegenden Kapitel geklärt werden, welches Gewicht die Heilige Schrift in den drei Kirchenmodellen hat und nach welchen Prinzipien die Schrift ausgelegt wird.

4.2 Der Kanon der Heiligen Schriften

Die Jesusbotschaft ist nach Jesu Tod im Jahr 30 zunächst mündlich überliefert worden. Wir haben Hinweise auf Sammlungen von Worten und Wundern Jesu und der Passionsgeschichte, die ab 40 entstanden sind, besitzen dafür aber keine schriftlichen Dokumente. Die ersten verfügbaren schriftlichen Dokumente sind die sieben authentischen Briefe des Apostels Paulus (1Thess, Gal, Phil, Phlm, 1 und 2Kor und Röm), geschrieben zwischen 51 und 56. Das Markusevangelium wurde kurz nach dem Jahr 70, der Zerstörung Jerusalems und des jüdischen Tempels durch die Römer, verfasst. Die Evangelien des Matthäus und des Lukas wurden zwischen 80 und 100, das Johannesevangelium wurde zwischen 100 und 125 geschrieben. Diese Texte wurden dort, wo sie bekannt waren, in den Gottesdiensten verlesen. Sie traten neben die Verlesung alttestamentlicher Texte. Zu einer Sammlung christlicher Texte

kam es ab der Mitte des 2. Jahrhunderts, als die Frage zu be-
antworten war, was für die Gemeinden und gegenüber frem-
den Lehren als christlich zu gelten hatte.

Die Gemeinden in Kleinasien und Rom einigten sich zwischen 140 und 180 auf jene Schriften, denen man apostolischen Ursprung zusprach. Da es zu jener Zeit noch keine
überregionalen Synoden und erst recht noch keine zentrale
Entscheidungsinstanz gab, kam die Einigung über die Auswahl der Schriften im Dialog der Gemeinden ohne Zwang
zustande. Nach G. Theissen haben sich zwei inhaltliche Kri-
terien durchgesetzt: die »Einheit Gottes und die Realität der
Inkarnation« (Theissen, 120). Einige Schriften blieben noch bis
ins 5. Jahrhundert umstritten. Man verstand den Bibelkanon
weder als christliches Gesetzbuch noch als dogmatisches System noch als historisches Archiv, sondern als eine Sammlung
frühchristlicher authentischer Zeugnisse von den Begegnungen
mit dem in Jesus erschienenen lebendigen Gott. Die neutestamentlichen Schriften sind in allen Kirchen als die »Ur-Kunden«
göttlichen Wirkens und als Quelle göttlicher Offenbarung un-
umstritten. Unterschiedlich wird hingegen die Frage beantwortet, ob sie als die alleinige Quelle christlichen Glaubens
zu gelten haben.

4.3   Das Schriftverständnis der Orthodoxie

Die orthodoxen Kirchen verstehen das Neue Testament als
»ein lebendiges Zeugnis, das uns zum Heil und zur Wahrheit
führt« (Larentzakis 00, 128). Die Heilige Schrift wird als »Ur-
tradition« verstanden und mit der kirchlichen Tradition zur
Einheit verbunden. Zu dieser kirchlichen Tradition werden
neben der Heiligen Schrift auch die Entscheidungen der sieben
ökumenischen Konzilien und die Schriften der Kirchenväter
aus den ersten acht Jahrhunderten (bis Johannes von Damaskus, † 754) gezählt. In einem weiteren Sinn werden auch die

Liturgien, Ordnungen und geistlichen Ausdrucksformen jener ersten Jahrhunderte dazugerechnet. In diesen Texten sieht die Orthodoxie die sachgemäße und authentische Auslegung der biblischen Texte niedergelegt. Schrift und altkirchliche Tradition bilden eine unauflösbare Einheit, der nichts Neues mehr hinzuzufügen ist.

4.4 Das Schriftverständnis der römisch-katholischen Kirche

4.4.1 Das Konzil von Trient

Die römisch-katholische Kirche sieht die enge Verbindung von Heiliger Schrift und kirchlicher Tradition bereits dadurch gegeben, dass die Christusbotschaft zunächst mündlich überliefert wurde und die Schriften schließlich von den christlichen Gemeinden zum Kanon (Richtschnur, Norm des Glaubens) zusammengefügt wurden. Was hier noch als historischer Vorgang erscheint, wurde 1546 auf dem Konzil von Trient als theologische Aussage festgeschrieben. Das Konzil erklärte, dass die Wahrheit und die Lehre in »geschriebenen Büchern und ungeschriebenen Überlieferungen« enthalten sind (D 1501), die beide »mit dem gleichen Gefühl der Dankbarkeit und der gleichen Ehrfurcht« (D 1501) zu verehren sind.

4.4.2 Das Erste Vatikanische Konzil

Auf dem Vatikanum I (1870) wurde das Verhältnis von Schrift und Tradition bereits deutlich zugunsten der kirchlichen Tradition verschoben. In der Dogmatischen Konstitution *Dei Filius* über den katholischen Glauben heißt es: »In Fragen des Glaubens und der Sitten ... ist jener als der wahre Sinn der Heiligen Schriften anzusehen, den die heilige Mutter Kirche festgehalten hat und festhält, deren Aufgabe es ist, über den wahren Sinn und die Auslegung der heiligen Schriften zu urteilen; und deshalb ist es niemandem erlaubt, die Heilige

Schrift gegen diesen Sinn oder auch gegen die einmütige Übereinstimmung der Väter auszulegen« (D 3007). Dieses Prinzip des Auslegungsmonopols der Kirche wurde auf dem Vatikanum I mit dem Dogma von der Unfehlbarkeit des Papstes in Fragen des Glaubens und der Sitte noch zugespitzt, denn in diesem Dogma wird im Entscheidungsfall das Auslegungsmonopol der Kirche zum Auslegungsmonopol des Papstes. So tritt neben Schrift und Tradition nun noch als dritte normsetzende Instanz das kirchliche Lehramt in der Person des Papstes.

Das wurde in der Enzyklika »Humani generis« (1950) durch Papst Pius XII. ausdrücklich hervorgehoben. Er stellte fest, dass Schrift und Tradition »allein dem Lehramt der Kirche« zur authentischen Auslegung anvertraut sind (D 3886). Die Theologie wurde auf die Aufgabe begrenzt, »zu zeigen, auf welche Weise sich das, was vom lebendigen Lehramt gelehrt wird, in der heiligen Schrift und in der göttlichen Überlieferung ... findet« (ebd.).

4.4.3 Das Zweite Vatikanische Konzil

Das Vatikanum II (1962–1965) betont noch einmal, dass allein das kirchliche Lehramt die Vollmacht hat, diese beiden Quellen gültig auszulegen. In der Dogmatischen Konstitution *Dei Verbum* von 1965 heißt es: »Die Aufgabe aber, das geschriebene und überlieferte Wort Gottes authentisch auszulegen, ist allein dem lebendigen Lehramt der Kirche anvertraut, dessen Vollmacht im Namen Jesu Christi ausgeübt wird« (DV 10) Das päpstliche Lehramt ist damit jeglicher Kontrolle und Kritik entzogen. Die Bibel ist als kritisches Gegenüber zur Kirche ausgeschaltet. Abgesichert wurde das durch die Rolle, auf die man die Theologie beschränkte. Sie soll die göttlichen Schriften »unter Aufsicht des kirchlichen Lehramtes« im Sinne der Kirche erforschen (DV 23). Gegen diese Bestimmung des Verhältnisses von Heiliger Schrift, kirchlicher

Tradition und kirchlichem Lehramt wurde und wird innerhalb der katholischen Kirche seit dem Mittelalter Protest erhoben, der freilich an den geltenden Regeln bisher nichts zu ändern vermochte.

Das gesamte Konstrukt der zwei aufeinander bezogenen Quellen (Schrift und Tradition) und der authentischen Auslegung durch das Lehramt beruht auf der Vorstellung, dass der göttliche Geist die biblischen Schreiber und die Schöpfer der Tradition inspiriert hat und auch den Papst leitet. Die verbürgte Gegenwart des Heiligen Geistes in Kirche und Lehramt beruht auf der Theorie der apostolischen Sukzession (siehe 6.3.1). Danach hat Christus den Aposteln den Heiligen Geist gespendet, den diese an ihre Nachfolger, die ordnungsgemäß geweihten Bischöfe, weitergeben.

4.5 Das Schriftverständnis des Protestantismus

4.5.1 Das Verhältnis von Schrift und Tradition

Den Reformatoren war bewusst, dass die Überlieferung der Christusbotschaft von Beginn an eine tragende Rolle spielte. Die reformatorische Theologie verneint nicht die Tradition, wohl aber jenes Traditionsprinzip, wonach die Tradition als die zeitlos normative Auslegung der Schrift zu gelten hat. Gegen dieses Traditionsprinzip setzt sie das Schriftprinzip. Sie reklamiert damit den Vorrang der Heiligen Schrift gegenüber kirchlicher Tradition und lehramtlicher Schriftauslegung. Dieses protestantische Schriftprinzip ist in der Kurzformel *sola scriptura* (allein die Schrift) ausgedrückt worden, eine Formel, die auch in den protestantischen Kirchen auf mancherlei Weise missdeutet und ad absurdum geführt worden ist.

4.5.2 Der Sinn des *sola scriptura*

Als 1893 die Berufung des großen Lehrers des Neuen Testaments Adolf Schlatter an die Universität Berlin anstand, wurde er vom zuständigen Minister Gossler gefragt: »Stehen Sie auf der Schrift?« Schlatter soll geantwortet haben: »Nein, ich stehe unter der Schrift!« Anschaulicher kann man nicht ausdrücken, dass *sola scriptura* keine Formel ist, die aus sich selbst verstanden werden kann, sondern dass sie in einem theologischen Sinnzusammenhang steht. Dabei geht es um jene Wahrheit und Wirklichkeit Gottes, wie sie uns allein in der Gestalt Jesu (*solo Christo*) begegnet und wie sie allein aus Vertrauen in diese Wirklichkeit (*sola fide*) verstanden werden kann.

Das *sola scriptura* hält fest, dass sich in den Texten des Neuen Testaments das vorausgegangene mündliche Verkündigungsgeschehen der nachösterlichen Gemeinden niedergeschlagen hat und mittels der schriftlichen Zeugnisse wieder Verkündigung werden soll. Mit dieser Einbettung in einen lebendigen Verkündigungsprozess wird es ausgeschlossen, die Bibel als ein normatives Lehrbuch von zeitlosen Dogmen zu verstehen, aus dessen Texten alle göttlichen Wahrheiten abgeleitet werden können. Die neutestamentlichen Texte sind nicht mit Gottes Wort oder gar mit einem göttlichen Diktat gleichzusetzen. Die *scriptura* (Schrift) ist und bleibt menschliches Zeugenwort und unterliegt damit allen Bedingungen menschlicher Rede. Zu Gottes Wort wird dieses menschliche Schriftzeugnis erst in jenen Leser/-innen und Hörenden, die sich von ihm Augen und Herzen für die darin bezeugte Gotteswirklichkcit öffnen lassen.

4.5.3 Die Bibel braucht keine externe Auslegungsinstanz
Da es in den biblischen Schriften nicht um Faktenaussagen über Gott geht, bedarf es auch keiner externen und übergeordneten Instanz, die über das richtige Verständnis entscheidet. Die Bibel ist selbst die alleinige Quelle und Instanz ihrer Auslegung. Sie verlangt aber nicht, dass wir vorab an ihre Irrtumslosigkeit glauben, sondern sie lädt uns zum Vertrauen

auf den Gott ein, der sich uns in Jesus als Liebe zeigt. Sie bestätigt ihre Wahrheit nur dem, der sich auf ihr Zeugnis einlässt. Und in diesem Prozess weist sie selbst auf ihre Mitte, nämlich auf das, was uns Jesus als die Wirklichkeit Gottes für unser Heil erkennen und was uns vertrauen lässt. So kann nicht ein Lehrsatz oder eine kirchliche Lehre die Mitte der Schrift sein, sondern – in Luthers Sprache – das, »was Christum treibet«.

4.5.4 Die Bibel in der Dialog-Gemeinschaft aller Christen

Dieses neue Schriftverständnis löst die biblischen Schriften nicht aus dem Prozess der Überlieferung heraus, sondern bindet sie in einen ständig zu leistenden Prozess des Verstehens ein. Von ihrem Wesen her lässt die Schrift es nicht zu, durch eine externe Autorität festgelegt zu werden. Sie erträgt kein Auslegungsmonopol, das kraft eines kirchlichen Amts über ihre Inhalte befinden könnte. Die biblischen Texte bleiben der Kommunikations- und Dialog-Gemeinschaft aller Christen anvertraut. Unentbehrliche sachliche Hilfe zum Verständnis der Bibel leistet die inzwischen überkonfessionelle Dialog-Gemeinschaft der Bibelwissenschaftler, deren Ergebnisse in allen Kirchen größere Beachtung verdienten. Die Kirchen der Reformation sind aus dem Studium der Bibel hervorgegangen. Es gehört zu ihrem Selbstverständnis, sich immer wieder aus dieser Quelle zur Mitte rufen zu lassen und sich daraus für die Aufgaben in ihrer Zeit zu erneuern. Kirche, die sich aus dieser Quelle speist, definiert sich nicht durch zeitlose Lehrsätze, sondern verwirklicht sich darin, dem Geist der Liebe in unserer gegenwärtigen Welt überzeugende Gestalt zu geben.

5   Der Ursprung von Kirche

5.1   Unterschiedliche Begründungen

Alle christlichen Kirchen verstehen sich als von Gott gegründet. Aus den unterschiedlichen Kirchenverständnissen und Bewertungen der biblischen Zeugnisse ergeben sich freilich verschiedene Weisen, diesen Ursprung zu sehen. Die weitestgehenden Aussagen zur Ursprungsfrage sind in den Dogmen der römisch-katholischen Kirche zu finden. Ihr Konzept beruft sich auch in seinen einzelnen Entwicklungsschritten auf die Bibel. Das eröffnet die Möglichkeit, diese Aussagen anhand der biblischen Aussagen zu überprüfen oder den historischen Ort ihrer Entstehung zu ermitteln.

5.2   Das römisch-katholische Dogma zum Ursprung der Kirche

Papst Johannes Paul II. nennt den Katechismus der Katholischen Kirche (KKK) von 1993 in der Einleitung eine »sichere Norm für die Lehre des Glaubens« und einen »sicheren und authentischen Bezugstext für die Darlegung der katholischen Lehre«. Der Katechismus verweist in den Anmerkungen auf die biblischen Begründungen der jeweiligen Lehre und zitiert im Text oftmals die offiziellen Dokumente der Kirche dazu.

Das römisch-katholische Dogma sieht den Ursprung der Kirche nicht erst bei Jesus, sondern bereits im »Ratschluss der heiligsten Dreifaltigkeit«. Hier nämlich habe der ewige Vater die Kirche »schon seit dem Ursprung der Welt vorausgestaltet« (KKK 759). Mehr noch: »Die Welt wurde auf die Kirche hin erschaffen« (KKK 760). »Die Kirche ist das Ziel aller Dinge« (KKK 760). Daraus geht hervor, dass die Kirche als eine göttliche Größe verstanden wird, die bereits vor ihrer historischen Verwirklichung bei Gott existierte. So liegt Kirche als Wesenheit allen geschichtlichen Erscheinungsformen ontologisch (das Sein betreffend) voraus. Mit dieser Feststellung ist schon im Ansatz die Frage aufgeworfen, in welcher ihrer konkreten Gestalten sich Kirche ihrem göttlichen Entwurf gemäß verwirklicht und wo dieser Entwurf verfehlt wird.

Die Aufgabe Jesu bestand darin, »den Heilsratschluss seines Vaters zu verwirklichen« (KKK 763): »Christus hat, um den Willen des Vaters zu erfüllen, das Reich der Himmel auf Erden gegründet« (LG 3 = D 4103). Die Kirche ist »das im Geheimnis schon gegenwärtige Reich Christi« (ebd.). Die Gestaltung der Kirche ist also nicht den Menschen übertragen, sondern: »Der Herr gab seiner Gemeinschaft eine Struktur, die bis zur Vollendung des Reiches bleiben wird« (KKK 765). Allerdings wurde die Kirche erst an Pfingsten »vor der Menge öffentlich bekanntgemacht« (KKK 767).

Zum Ursprung von Kirche ist damit gesagt:

- Kirche ist bereits vor aller Schöpfung als Ziel aller Dinge bei Gott vorgegeben.
- Jesus hat im Auftrag Gottes das Reich Gottes gebracht, das sich in der Kirche verwirklicht.
- Für dieses göttliche Ziel hat er auch die für alle Zeit gültigen Strukturen der Kirche eingesetzt.

5.3 Die biblischen Aussagen

J. Roloff fasste das eindeutige Ergebnis der interkonfessionellen Bibelwissenschaft so zusammen: »Nach dem übereinstimmenden Urteil heutiger Forschung hat Jesus weder die Kirche direkt gegründet noch indirekt ihre Entstehung nach seinem Tod ins Auge gefasst und vorbereitet« (EKL 2,1054).

Einigkeit besteht in der Bibelwissenschaft auch darin, dass die Kirche überhaupt erst nach dem Tod Jesu in den Blick kommen konnte. Jesus hat seinem Volk Israel das Anbrechen des Reichs Gottes und eine neue Schöpfung aus Gottes Geist verkündet, und zwar für die unmittelbar bevorstehende Zukunft. S. Wiedenhofer, katholischer Professor für systematische Theologie, stellt dazu fest: »Jesus geht es um die Sammlung Israels, nicht um die Gründung einer Sondergemeinschaft in Israel« (Wiederhofer, 60). Christliche Kirche ist innerhalb des Verbandes der jüdischen Religion ohnehin nicht denkbar. G. Hasenhüttl, ebenfalls katholischer Professor für systematische Theologie, nennt zwei Voraussetzungen für das Entstehen von Kirche: (1.) »Für den Kirchenbegriff ist der Übergang zur Heidenwelt konstitutiv ... Kirche gibt es nur unter der Voraussetzung, dass Apostel im guten Geist die Entscheidung getroffen haben, zu den Heiden zu gehen« (Hasenhüttl 2, 245). (2.) Kirche konnte nur entstehen, weil sich abzeichnete, dass das Kommen Christi und das Ende dieser Weltzeit nicht unmittelbar bevorstanden. Angesichts eines nahen Endes gab es keinen Bedarf, eine Institution einzurichten. Damit erledigt sich auch die dogmatische Behauptung, Jesus habe die Gestalt der Kirche für alle Zeit eingerichtet, denn das widerspricht den historischen Tatsachen. Hasenhüttl bündelt das Ergebnis der theologischen Forschung für seine Kirche in dem Satz: »Die heute von den meisten Dogmatikern und Exegeten vertretene These lautet: Der historische Jesus hat keine Kirche gegründet. Jesus hat zu seinen Lebzeiten keine besonders geformte oder strukturierte Gemeinschaft beabsichtig, auch nicht als gesonderte Glaubensgemeinschaft« (Hasenhüttl 2, 257).

Von Gemeinde und Kirche ist erst nach dem Tod Jesu die Rede. Alle biblischen Texte zu diesem Thema sind bereits aus der Perspektive und der Erfahrung von Menschen formuliert, die sich zu einer Gemeinschaft aus dem Geist Jesu zusammengetan haben. Der Apostel Paulus, dessen sieben authentischen Briefe (51–56) die ältesten schriftlichen Zeugnisse der Christenheit sind, ging in seinem Wirken nirgendwo von der göttlichen Vorgabe für eine Kirche aus. Er wusste sich gesandt, die Christusbotschaft unter den Heiden zu verbreiten. Aus dieser Verkündigung entstanden dann christliche Gemeinschaften.

Aus der Erfahrung, dass durch Verkündigung christliche Gemeinden entstehen, setzte in der dritten Generation die Reflexion über Kirche und Gemeinde ein. Die Gemeinden begannen sich nun in ihrem Verhältnis zu Jesus zu definieren. Das taten sie z. B. mit der Metapher vom Haupt und den Gliedern und mit dem Bild von der Ehe (Eph). An eine Gründung durch Jesus war dabei nicht gedacht. Die Verbindung zu Jesus und die Identität der Gemeinden sah man darin gewährleistet, dass sie die apostolischen Traditionen bewahrten. Die Apostel standen als Gewährsleute so hoch in Ansehen, dass – nach antiker Gepflogenheit – in ihrem Namen sogar Briefe geschrieben wurden (Eph, Kol, 2Thess, Tim, Tit, Jak und Petr). Jesus war der inhaltliche Mittelpunkt des gemeindlichen Lebens, aber er galt nicht als der zu verehrende Gründer der Gemeinde, sondern als der Urgrund, aus dessen Botschaft die Gemeinschaft lebte und wirkte. Zum Gründer von Kirche wurde er erst durch theologische Gedankenoperationen, die aber kaum vor dem 2. Jahrhundert einsetzten. Zu Erwägungen oder gar zu einer Lehre, wonach die Kirche auf einen Ratschluss innerhalb der Dreifaltigkeit zurückzuführen sei, konnte es erst nach dem Beschluss des trinitarischen Dogmas von 381 kommen (vgl. Fischer 08).

5.4   Die Orthodoxie zum Ursprung von Kirche

In der frühen Kirche, die bis ins 4. Jahrhundert der Verfolgung ausgesetzt war, gab es andere Probleme zu bewältigen als die Verhandlung der Frage nach der Gründung und dem Gründer der Kirche. Für die orthodoxen Kirchen ist Kirche im Teilnehmen am gottesdienstlichen Geschehen präsent. Die

Reflexion über Kirche tritt zurück. Christus gilt als das Haupt, und die Gemeinde ist die auf Christus hin geordnete Gemeinschaft. Die Frage nach einem Gründer steht dabei nicht an. A. Kallis stellt für seine orthodoxe Kirche fest: »Die heilige Dreieinigkeit ist die Urquelle und das Urbild der Kirche, die eine Widerspiegelung ihres göttlichen Ursprungs ist« (Kallis 89, 255). Damit ist aber das Wesen der Kirche und nicht ein historischer oder vorhistorischer Gründungsakt gemeint. Zur konkreten Kirche sagt Kallis: »Ihre Existenz verdankt die Kirche dem Geist, der eine anthropologische Gemeinschaft zur Christengemeinschaft, zur Kirche macht« (Kallis 89, 256).

5.5 Das protestantische Verständnis des Ursprungs von Kirche

Für die Reformatoren stellte sich die Frage nach einem Gründer der Kirche nicht. Zum einen findet sich dafür in den neutestamentlichen Texten kein Hinweis. Zum anderen lag diese Frage außerhalb ihres Kirchenverständnisses. Martin Luther verstand Kirche nicht als eine verfasste Institution, sondern als das im Heiligen Geist versammelte Volk Gottes. Kirche ist ihrem Ursprung nach *creatura verbi divini* (Schöpfung des Wortes Gottes). Mit dem Wort Gottes ist das in Jesus Christus Mensch gewordene Wort Gottes gemeint, vermittelt durch das Zeugnis der Schrift und jene, die Christus aktuell verkündigen. Wo sein Wort verkündigt wird und Menschen erreicht, da entstehen Gemeinde und Kirche. In diesem Verständnis beantwortet der Protestantismus die Frage nach dem Ursprung von Kirche mit dem Satz: »Kirche ist die durch das Wort Gottes begründete Gemeinschaft der Glaubenden« (Härle in TRE 18, 285). Damit sind alle Versuche zurückgewiesen, die Existenz und die gegenwärtige Gestalt von Kirche durch einen innertrinitarischen Beschluss oder durch eine Anordnung Jesu begründet und legitimiert zu sehen.

6 Die Ämter der Kirche

6.1 Vom Charisma zum Amt

6.1.1 Die Ämterstruktur zeigt das Selbstverständnis der Institution

Jede menschliche Gruppe, die überleben will, organisiert sich in einer ihrem Selbstverständnis entsprechenden Weise. Deshalb drückt sich in der Ämterstruktur einer Institution deren Selbstverständnis unmittelbar aus. Funktionen allein sind noch keine Ämter. Zum Amt wird eine Funktion erst dadurch, dass sie verrechtlicht und meistens auch zum Beruf erhoben wird. Dieser in der Religionsgeschichte gut dokumentierte Vorgang lässt sich im Neuen Testament im Übergang von der zweiten zu den nächsten Generationen beobachten.

6.1.2 Die ersten Gemeinden kennen keine Ämter

Das Beispiel für ein amtloses Gemeindeleben liefert uns Paulus mit seinen Ausführungen zum Gottesdienst für die Gemeinde in Korinth. Dort scheint es turbulent bis chaotisch zugegangen zu sein. Deshalb empfiehlt er: »Wenn ihr zusammenkommt, hat jeder einen Psalm, eine Lehre, eine Offenbarung, eine Zungenrede, eine Auslegung. Alles geschehe zur Erbauung« (1Kor 14,26). Hier ist weder ein Gemeindeleiter noch ein legitimierter Lehrer, Liturg oder Prediger im Spiel, sondern die am Gottesdienst Teilnehmenden kommen mit ihren Gaben zu Wort. Damit das nicht chaotisch, sondern geordnet geschieht, schlägt Paulus vor: »In Zungen reden sollen jeweils höchstens zwei oder drei. Und einer soll übersetzen. ... Von den Propheten aber mögen zwei oder drei reden, die anderen sollen es prüfen« (1Kor 14,27.29). Die Funktionen, die hier genannt werden (Zungenreden, Auslegung der Zungenrede, Prophetie, Prüfen des Gesagten) werden als Gnadengaben

(Charismen) verstanden. Die Anerkennung des Charismatikers hängt davon ab, wie das, was er einbringt, in der Prüfung durch die versammelte Gemeinde bestehen kann. Seine Vollmacht erweist sich in der persönlichen Kraft, die Gemeinde aufzubauen. Sein Ansehen hängt an seinem Charisma, die Christusbotschaft vor der prüfenden Gemeinde überzeugend zum Ausdruck zu bringen. Der Charismatiker wird durch sein Tun legitimiert.

6.1.3 Der Unterschied zwischen Charisma und Amt

Funktionen werden zu Ämtern, wenn man sie rechtlich regelt und exklusiv an eine Person delegiert. Der durch einen Rechtsakt bevollmächtigte Amtsträger hat dafür einzustehen, dass er seine Arbeit im Rahmen seines Auftrages ausführt. Er muss zwar die nötigen Kenntnisse und Kompetenzen mitbringen, aber seine Legitimation und Position als Amtsträger ist nicht gefährdet, wenn es ihm nicht gelingt, der Christusbotschaft überzeugend Ausdruck zu geben. Es genügt, wenn der Amtsinhaber die vorgesehenen und ihm aufgetragenen Rituale und Handlungen formgerecht vollzieht. Dahinter steht die Vorstellung der aus sich selbst wirkenden Rituale, für die im christlichen Mittelalter der Begriff *ex opere operato* geprägt wurde. Damit ist gemeint, dass die Sakramente unabhängig von den subjektiven Voraussetzungen der daran Beteiligten allein durch ihren korrekten Vollzug aus göttlicher Kraft wirksam werden.

6.2 Die Ausbildung einer Ämterordnung

6.2.1 Eine Ämterdreiheit entsteht

Die ersten Schritte von den Charismen zu den Ämtern sind in einigen Gemeinden um die Wende des ersten zum zweiten Jahrhundert nachweisbar. Im Brief an Titus, der gegen Ende des ersten Jahrhunderts verfasst wurde, ist zwar bereits von einem »Episkopen« die Rede (Tit 1,7), der aber ist noch nicht als Amtsträger hervorgehoben und in seinen Funktionen definiert. Er gilt als einer der Presbyter, die zuvor (Tit 1,5) erwähnt worden sind. Die Presbyter darf man sich als ein Kollegium vorstellen, in welchem einer oder auch mehrere als Episkopen bezeichnet wurden, die als Lehrer der Gemeinde tätig waren oder bestimmte Leitungsfunktionen ausübten.

Der erste, der den Episkopen eine eindeutigere Führungsposition zusprach, war Ignatius von Antiochia. Er schrieb auf seinem Weg nach Rom, wo er um 115 hingerichtet wurde, an mehrere Gemeinden Briefe . Darin mahnt er: »Folgt alle dem Bischof (*epískopos*)wie Jesus Christus dem Vater (folgte) und dem Presbyterium wie den Aposteln; die Diakonen aber achtet wie Gottes Gebot!« (an Smyrna 8,1). Hier zeichnet sich für den Episkopen/Bischof bereits eine gewisse Führungsrolle im Sinne eines Sprechers, Vorstehers oder Geschäftsführers im Kreis der Presbyter ab, aber noch kein verrechtlichtes Amt. In der Didaskalia, einer Sammlung von kirchenrechtlichen Texten, die im 3. Jahrhundert in Syrien entstanden ist, wird ein Episkop mit Herrschaftsbefugnissen bereits vorausgesetzt. Im Laufe des 2. Jahrhunderts scheint sich eine Dreiteilung der Ämter, Bischöfe, Presbyter und Diakone, allgemein durchgesetzt zu haben.

6.2.2 Notwendigkeit und Legitimation der Ämter

Gegen Ende des 1. Jahrhunderts erlosch die Erwartung, dass das Ende dieser Weltzeit unmittelbar bevorstehe. Die Gemeinden begannen, sich auf ein Überleben in dieser Welt einzurichten und ihre Aufgaben darin auf Zukunft hin wahrzunehmen und zu ordnen. Auf dem antiken Markt der religiösen, philosophischen und kultischen Sinnangebote mussten sie ihre Identität als Zeugen der Christusbotschaft für die Welt sichern und allen Konkurrenten gegenüber auch kenntlich machen. Vor allem die gnostischen Konkurrenten behaupteten, durch ihre Erkenntnis den direkten Zugang zu den Quellen göttlicher Wahrheit zu besitzen. In dieser Situation besannen sich die Gemeinden nicht nur auf ihre Anfänge, sondern auch auf die getreue Überlieferung der Botschaft, in der ihr Glaube und ihr Auftrag gründeten. Die Bischöfe, Presbyter und Diakone wurden zu Garanten dessen, was von den Aposteln als den ersten Christuszeugen gelehrt und angeregt worden ist. Ihre Ämter wurden jetzt als Stiftungen der Apostel verstanden, in denen die apostolischen Lehren lückenlos wietergegeben und aufbewahrt werden. Diese Rückführung auf die Apostel wurde zum Ausweis für die Authentizität des Christlichen.

So wurde z. B. die Annahme apostolischer Verfasserschaft zum Kriterium dafür, welche Schriften in den Kanon aufzunehmen waren. Bekenntnisformulierungen, denen man das Prädikat »apostolisch« gab, erhielten unangreifbare Autorität. Als Beweis für die authentische Überlieferung wurden in einigen Gemeinden Listen erstellt, die dokumentieren sollten, dass die Gemeinde von einem Apostel gegründet worden war, der selbst einen ersten Bischof eingesetzt hatte. Dieser hat – so die Vorstellung – in einer lückenlosen Kette die apostolischen Überlieferungen an seine Amtsnachfolger weitergegeben. Eine Theorie der apostolischen Sukzession (Nachfolge) konnte freilich erst entstehen, nachdem das Bischofsamt um die Mitte des 2. Jahrhunderts zu einer Führungsposition ausgebaut worden war. Über die Art der Weitergabe der apostolischen Tradition wird noch zu sprechen sein. Hier sei nur festgestellt, dass sich die These von der apostolischen Sukzession der Bischöfe in den Jahrzehnten um 200 als ein wichtiges Argument im Kampf gegen die gnostischen Vereinnahmungstendenzen sehr bewährt hat.

Als weitaus folgenreicher erwies sich die Koppelung des Bischofsamtes mit dem Gedanken der apostolischen Sukzession für das Bischofsamt selbst. Ihm fiel dadurch eine zentrale

Rolle in der Kirche zu, die später zur kirchlichen Schlüsselrolle ausgebaut werden sollte. Die Kirche wurde über das Bischofsamt und den Sukzessionsgedanken eng mit der als apostolisch verstandenen Schrift verbunden.

6.2.3 Sicherung des Amtes durch die Weihe

Ämter verlangen nach sichtbarer Legitimation. Diese wird im
Bereich des Religiösen durch eine Weihehandlung erteilt und
öffentlich zum Ausdruck gebracht. Der geistige Hintergrund
für Weihehandlungen ist die Vorstellung, dass jenseits der profanen Welt eine heilige, übersinnliche göttliche Sphäre existiert. Durch die Weihe wird die geweihte Person aus der profanen Welt ausgesondert und mit Kräften der höheren Welt
ausgestattet. Die höhere geistige Gewalt wird durch Salbung,
durch Segenshandlungen und durch Handauflegung dinglich
übertragen und übereignet. Der Geweihte erhält für die pro-
fane Welt göttliche Qualifikationen oder Qualifikationen, die
das Göttliche vermitteln. Durch den Weiheakt entsteht das
Amt des Priesters und generell das Priestertum.

In der Botschaft Jesu, die das nahende Reich Gottes ankün-
digt, hatten Priestertum und Kulthandlungen keinen Platz.
Der Begriff »Priester« (*hiereus*) für eine Funktion oder einen
Dienst in der christlichen Gemeinde erscheint nirgends im
Neuen Testament. Der Hebräerbrief äußert sich zum jüdi-
schen Priestertum sogar recht kritisch.

Die Bezeichnung »Priester« für ein kirchliches Amt tauchte
zu Beginn des 3. Jahrhunderts auf. Das erste Amt, das in priesterlichen Begriffen beschrieben wurde, ist das Bischofsamt.
Dabei fällt auf, dass in den Texten der östlichen Christenheit für
das Bischofsamt kultische Ausdrucksformen vermieden werden.

In religionsgeschichtlicher Sicht zeigt sich, dass die Christenheit seit dem Beginn des 3. Jahrhunderts wieder jene kultischen Denkformen und Praktiken der Religionen vor- und
neben dem Christentum zu übernehmen begann, die doch

Jesus gerade hinter sich gelassen hatte. Das Verständnis von Kirche und der Auftrag der Gemeinde wurden wieder an das Priestertum gebunden, das sich vor allem im Bischofsamt ausdrückte.

6.3 Das Amt wird für Kirchesein unentbehrlich

6.3.1 Bischofsamt und Sukzession

Dem Amt des Episkopen/Bischofs wurden im 3. Jahrhundert zunehmend Befugnisse und Führungsfunktionen übertragen. So hat es sich schrittweise zum monarchischen Episkopat weiterentwickelt. Ein entscheidender Schritt auf diesem Weg wurde durch Cyprian (um 190 bis 258 Bischof von Karthago), getan. Er verstand das Bischofsamt als ein Herrscheramt und erklärte, Jesus selbst habe die Apostel eingesetzt und konsekriert (geweiht). Die Apostel hätten wiederum die Bischöfe eingesetzt und diese ebenfalls konsekriert. Durch die Weihehandlung mit der Handauflegung werde die Vollmacht Jesu auf die Apostel und von diesen auf die Bischöfe übertragen, die sie in einer Sukzessionskette an ihren Nachfolger weitergäben. Die Kontinuität der in Christus gegründeten geistlichen Vollmacht ist damit im Bischofsamt als stets gegenwärtig gesehen.

6.3.2 Die Identifizierung von Bischofsamt und Kirche

Für Cyprian ist Kirche nicht schon dort vorhanden, wo Christen im Namen Gottes zusammenkommen. Kirche gibt es für ihn nur im Zusammenspiel der Gemeinde mit ihrem Bischof. Ohne Bischof keine Kirche, weil alle von Christus kommende Vollmacht nur in jenem Bischofsamt vorhanden ist, das in der Kette der apostolischen Sukzession steht. Damit hängt die Möglichkeit des Kircheseins an der lückenlosen Sukzession der Bischöfe. Die Einheit der Kirche ist im überall vorhandenen Bischofsamt gegeben, das in kollegialer Verbundenheit mit den anderen Bischöfen wahrzunehmen ist. Auch die Identität der Kirche Christi hängt damit am ordentlichen Bischofsamt.

6.3.3 Der Bischof hat das Monopol der Eucharistie

Worin aber besteht die Vollmacht des Bischofs, durch den Kirche erst zustande kommt? Es ist vor allem seine Vollmacht, die Eucharistie zu vollziehen. Sie ist der »Mittelpunkt und Bezugspunkt aller anderen Sakramente und religiösen Handlungen« (Larentzakis 00, 66). Freilich ist in den ersten Jahrhunderten vor allem im Osten theologisch nicht so recht geklärt worden, was in der Eucharistie geschieht. In der Feier der Eucharistie wurden kultische Formen und auch Formeln entwickelt, deren Erklärung nicht in theologischen Lehren niedergelegt, sondern nur in den liturgischen Texten selbst und in den Gebeten und Hymnen enthalten ist. Diese Texte konnten theologisch unterschiedlich interpretiert werden.

Die alte Kirche sah im sinnenhaften Symbol ein wirklichkeitserfülltes Abbild des Göttlichen. Die Feier der Eucharistie wurde und wird in der östlichen Kirche als ein Mysteriendrama erlebt, in welchem die gesamte Heilsgeschichte von der Menschwerdung Jesu bis zur Auferstehung Jesu nachvollzogen wird. Indem sich die feiernde Gemeinde in dieses liturgische Geschehen hineingibt, wird die Einheit des sündigen Menschen mit Gott wieder hergestellt. Für diesen entscheidenden Prozess des Heilwerdens hat allein der in der apostolischen Sukzession stehende geweihte Bischof die Handlungsvollmacht. Mit dieser Koppelung von Bischofsamt, Weihe, Sukzession und Eucharistie wurde der Bischof zum heilsnotwendigen Mittelpunkt von Kirche.

Das vor- und nichtchristliche Priesterwesen ist mit dieser Entwicklung nun wieder in den Christenglauben integriert und darin sogar zum tragenden Pfeiler geworden. »Der Bischof vollzieht als Opferpriester genau das, was Christus beim letzten Abendmahl vollzog. Er bringt Christi Leib und Blut Gott als ein Versöhnungsopfer dar.» Für Cyprian wird »der Zelebrant ... zum kultischen Opferpriester im alttestamentlichen Sinn, der Christus Gott dem Vater darbringt« (Fagerberg, 593). Das letzte Abendmahl mit seinen Jüngern, das Jesus wie ein jüdischer Hausvater durch das gemeinsame Brotbrechen vollzogen hatte, wird jetzt als eine priesterliche Kulthandlung interpretiert (vgl. Fischer 09).

6.3.4 Kirchesein hängt am Bischofsamt

Das Bischofsamt ist die einzige Vermittlungsstelle, durch die das von Christus ausgelöste Heilsgeschehen in die Welt einfließen und in ihr fortwirken kann. Nur der Bischof hat die Vollmacht, Priester, Diakone und weitere Helfer zu weihen und sie für das eucharistische Geschehen handlungsfähig zu machen. Die von ihm Geweihten handeln im eucharistischen Geschehen allein aus seiner Vollmacht und in seinem Auftrag. Der vom Bischof, den Priestern und Diakonen gebildete Klerus verkörpert eine Hierarchie, die als eigener, höherer Stand den unqualifizierten Laien gegenübersteht, ja diesen in der unentbehrlichen Rolle der Vermittler sogar vorsteht.

6.3.5 Die Ostkirchen schreiben den frühkirchlichen Entwicklungsstand fest

Die orthodoxen Kirchen betrachten ihr Kirchen- und Ämterverständnis mit den Äußerungen der Kirchenväter der ersten Jahrhunderte und den Beschlüssen der sieben ökumenischen Konzilien als abgeschlossen und endgültig. Mit Blick auf die weitere Entwicklung in der lateinischen Kirche des Westens legen sie auf einige Unterscheidungen großen Wert.
– Die Bischöfe werden in ihrer Weihe stets einer bestimmten Gemeinde zugeordnet und auf die Gemeinschaft mit dieser Gemeinde verwiesen. Bereits ihre Wahl bedarf der Zustimmung der Gemeinde.

- Die Bischöfe sind untereinander gleichrangig.
- Die höchste Entscheidungsinstanz ist die Synode der Bischöfe. Der Patriarch ist kein regionaler Papst, sondern *primus inter pares* (Erster unter Gleichen).
- Ein Bischof, der sich wie der Bischof von Rom über seine Bischofskollegen erhebt, schließt sich aus der kirchlichen Gemeinschaft aus.
- Zwischen Klerus und Laien gibt es zwar einen Unterschied des Standes, aber nicht des Wesens.

6.4 Das Amt wird im lateinischen Westen weiter ausgebaut

6.4.1 Das altrömische Priesterverständnis setzt sich durch

Die in den Anfängen gemeinsame Entwicklung eines kirchlichen Amtes in Ost und West zeigt sehr früh verschiedene Tendenzen, die auf unterschiedliche kulturelle Hintergründe zurückzuführen sind. Das Priestertum gründet in allen Religionen generell in der Vorstellung, dass ein Priester mit dem Besitz göttlicher Kräfte ausgestattet ist oder ausgestattet wird. Diese Kraftbegabung konnte man entweder von Geburt an haben oder sie konnte einem durch Handauflegung, Weihe oder andere kultische Rituale übertragen werden. Priester stehen zu der Gottheit, der sie dienen, in einer wesensmäßig näheren Beziehung als Laien. Konstitutiv für das Priesteramt ist die Rolle der Priester als Mittler zwischen Gottheit und Laien, die sie durch ihre Funktion in einem Opferkult haben. Sekundär können den Priestern auch Aufgaben der Verwaltung und der Führung zugesprochen werden.

In vielen Religionen gibt es das Amt eines Oberpriesters, das z. B. in Israel der Hohepriester wahrgenommen hat. In Ägypten übte der Pharao diese Funktion aus, und in der altrömischen Religion war Augustus der *pontifex maximus* (Oberster Priester). Das altrömische Priesterverständnis galt auch im offiziellem Staatskult. Aufgabe der Priester war der *cultus deorum*, die Pflege der Götter. Durch streng geregelte Kulthandlungen wurde die *pax deorum,* der Friede mit und durch die Götter, sichergestellt. Die persönliche Anteilnahme des Priesters bei den Kulthandlungen war dabei nicht von Belang. Auch die Beziehung oder die Liebe zur Gottheit spielte keine Rolle. Unter Frömmigkeit (*pietas*) gegenüber den Göttern verstand man Gerechtigkeit gegenüber den Göttern, nämlich die Pflicht, alle vorgeschriebenen kultischen Handlungen exakt auszuführen.

Es überrascht nicht, dass dieses juridische Verständnis schon früh in die aufkommende christliche Kultpraxis hineinstrahlte. Der Gedanke eines christlichen Priestertums ist im lateinischen Bereich zum ersten Mal in den Schriften Tertullians literarisch greifbar. Tertullian, ausgebildeter Jurist, hat sich nach seiner Bekehrung um 195 als der erste lateinische Theologe von Rang der Verbreitung des christlichen Glaubens gewidmet. Ohne nähere Erklärung sprach er vom Bischof als dem *sacerdos* (Priester). Indem er den christlichen Episkopen/Bischof mit der altrömischen Priesterbezeichnung *sacerdos* charakterisierte, verstand er ihn also vor allem als den Kultbeamten, der für das Opferritual zuständig war. Dem Bischofsamt war damit eine kultisch-jurisdiktionelle Autorität zugesprochen. Tertullian konnte Kirche (*ecclesia*) auch als *curia* (Rechtsversammlung) bezeichnen, ein ebenfalls juristischer Begriff. Die Umbildung von einer christlichen Glaubensgemeinschaft in eine verrechtlichte Priesterkirche deutete sich im lateinischen Westen also bereits früh an und wurde konsequent weiterentwickelt. Hier müssen nicht alle historischen Entwicklungen, sondern lediglich entscheidende Weichen zur Sprache kommen.

6.4.2 Das Amt verlangt nach Regelungen

Die gemeindlichen Dienste hatten bereits im 3. Jahrhundert aufgehört, nur Funktionen zu sein. Sie wurden zu beamteten Dauerstellen mit besonderen Machtbefugnissen ausgebaut. Erste Hinweise auf eine Bezahlung des Klerus weisen in die Zeit um 200. Die hierfür erforderlichen Regelungen wurden der kulturellen Umwelt entliehen und nachgebildet.

Die bereits dargestellte apostolische Sukzession hat ihr Vorbild in den heidnischen Philosophenschulen, in denen man streng darauf achtete, die Lehre des Stifters rein zu bewahren. Die Weihen sind den Ritualen der zeitgenössischen Religionen und Kulten nachempfunden. Mit der Weihepraxis setzte sich die Zwei-Stände-Auffassung durch, die den Klerus von den Laien abhob. Auch diese Zweiteilung hat ihr Vorbild in der römischen Gliederung der Bürgerschaft in den *ordo* (Klasse der Senatoren und Patrizier) und den *plebs* (die Masse des Volks).

Der lateinische Westen griff auch auf die Kultmetaphorik des Alten Testaments zurück. Der Bischof wurde zum Gegenstück des alttestamentlichen Hohepriesters, der Presbyter (von dem das deutsche Wort »Priester« hergeleitet ist) entsprach dem jüdischen Priester, und im Diakon lebte der Levit weiter. Weihen als kultische Akte, in denen die Vollmacht für ein Amt übertragen wurde, scheint es in den christlichen Gemeinden ansatzweise bereits im 2. Jahrhundert gegeben zu haben. Voll eingeführt wurde die Priesterweihe erst im 5. Jahrhundert. Dabei wurden die Weihestufen bereits deutlich nach Rängen differenziert.

6.4.3 Die Wirkungen der Priesterweihe

Die Priesterweihe löst den Geweihten aus dem Stand des Laienvolks, verleiht ihm ein »unauslöschliches Siegel« (*character indelebilis*) und versetzt ihn ontologisch (seinem Wesen nach) unwiderruflich in einen sakralen Stand, der ihn dazu befähigt, bestimmte kultische Handlungen (z. B. Eucharistie) auszuführen. Man stellte sich dieses Prägemal bildhaft entsprechend der Markierung der Schafe mit dem Zeichen des Besitzers oder der Tätowierung der Soldaten mit dem Zeichen ihres Herrn vor. Erst im Mittelalter begann man, dafür theologische Begründungen nachzureichen.

Augustinus sprach von einer »Eingliederung in Christus«, die eine »objektive Heiligung« bewirke. Das Konzil von Trient hat 1547 die Weihe zusammen mit der Taufe und der Firmung als eine geistlich unauslöschliche Prägung festgelegt (D 1609). Bei dem Versuch einer biblischen Begründung heißt es im Lexikon der katholischen Dogmatik (88, 53) vorsichtig: »Schriftansätze für diese Lehre lassen sich nur im Lichte der definierten kirchlichen Lehre ausmachen.« Der katholische Systematiker Hasenhüttl äußert sich deutlicher: »Theologisch ist der *character indelebilis* eine reine Hilfshypothese, mittels derer man einen kirchlichen Brauch metaphysisch rechtfertigen und begründen will« (Hasenhüttl 2, 427).

6.4.4 Amt und Ehelosigkeit

Der Religionssoziologe G. Kehrer stellt fest: »Religionen, die sich vor dem Hintergrund von priesterlich dominierten Volksreligionen entwickelt haben, haben eine Vorliebe für Zölibat und Sexualfeindlichkeit« (HrwG 2, 241). Davon kann in den ersten Christengenerationen keine Rede sein. Angesichts des nahen Endes dieser Welt sieht Paulus keinen Sinn mehr darin, Kinder zu zeugen. Die Sexualität verteufelt er aber nicht. Nachdem die Naherwartung geschwunden war, galt das eheliche Leben als die Normalität, und zwar auch für Amtsträger der Gemeinde. In 1Tim 3 wird vorausgesetzt, dass Episkopen und Diakone verheiratet sind. Nahezu alle Jünger Jesu (auch Petrus!) und die Apostel waren verheiratet. Paulus betont, dass es ihm wie den anderen Aposteln zustünde, bei seinen Missionsreisen eine Frau mitzuführen (1Kor 9,5).

Sexualität und Dienst in der Gemeinde wurden erst problematisiert und als miteinander unverträglich erklärt, als das priesterliche Amt mit dem Monopol zu bestimmten kultischen Handlungen entstand. Jetzt begann man auch, sich an den Priestern am Jerusalemer Tempel zu orientieren, die vor dem Tempeldienst ihren Frauen fernzubleiben hatten. Seit dem frühen 3. Jahrhundert wurde auf die Priester Druck ausgeübt, unverheiratet zu bleiben. Seit dem 4. Jahrhundert war es mindestens Bischöfen verboten, nach ihrer Weihe zu heiraten. Durch das Mönchtum wurde der Zölibat, die Ehelosigkeit im Sinne von Enthaltsamkeit, zum Stand der Vollkommenheit aufgewertet. Ende des 4. Jahrhunderts wurde den Priestern verboten, in der Nacht vor der Kommunion Geschlechtsverkehr zu haben. Als im Westen die Priester täglich die Eucharistie zu feiern hatten, bedeutete das für sie die totale Enthaltsamkeit. Das aber war im ersten Jahrtausends nicht durchzusetzen. Erst Papst Innozenz II. konnte 1139 ein Zölibatsgesetz einführen, das bis heute gültig ist und im Kodex des kanonischen Rechts von 1983 so lautet: »Die Kleriker sind gehalten, vollkommene und immerwährende Enthaltsamkeit um des Himmelsreichs willen zu wahren; deshalb sind sie zum Zölibat verpflichtet ...« (CIC 277)

6.4.5 Das Amt ist nur Männern vorbehalten

Die römische Welt war patriarchalisch. Was Paulus an die Galater schrieb, bildet dazu ein Gegenmodell. Er proklamiert zwar nicht das Matriarchat, aber sagt: »Da ist weder Jude noch Grieche, da ist weder Sklave noch Freier, da ist nicht Mann und Frau. Denn ihr seid alle eins in Jesus Christus« (Gal 3,28). Frauen waren nach Markus 16,1–8 parr. die ersten Adressatinnen der Osterbotschaft. Maria Magdalena, die nach Johannes 20,11–18 als Erste diese Botschaft den Jüngern und Jüngerinnen brachte, wurde von vielen Kirchenvätern als »Apostolin aller Apostel« bezeichnet. Auch Paulus bezeichnet in Röm 16,7 eine Frau Junia als Apostel. In Röm 16,1 empfiehlt er »Phoebe, die Diakonin der Gemeinde von Kenchreä« der Gemeinde von Rom.

Im gesamten Mittelalter hingegen galt die Frau für ein priesterliches Amt als ungeeignet. Gelegentlich wurde das damit begründet, dass ein weibliches Priestertum zu sehr den naturhaften Erdgöttinnen (Magma Mater, Kybele u. a.) entspräche. Dergleichen Bedenken gab es freilich bei der Umformung heidnischer Götter zu christlichen Heiligen nicht. Der eigentliche Grund für den Ausschluss der Frauen vom priesterlichen Amt lag stets in der Abwertung der Frau, wurde aber nie ins Feld geführt, weil er gesellschaftlichem Konsens entsprach.

Der Katechismus der katholischen Kirche erklärt: »Die heilige Weihe empfängt gültig nur ein getaufter Mann. Jesus, der Herr, hat Männer gewählt, um das Kollegium der zwölf Apostel zu bilden ... Die Kirche weiß sich durch diese Wahl, die der Herr getroffen hat, gebunden. Darum ist es nicht möglich, »Frauen zu weihen« (KKK 1577).

Katholische Bibelwissenschaftler weisen immer wieder darauf hin, dass der Berufung auf Jesus hier jede historische Basis fehlt, Jesus die Apostel weder zu Priestern noch zu Bischöfen berufen,, sie schon gar nicht dazu geweiht hat und dass eine Unterscheidung von Männern und Frauen in dieser Sache gar nicht aktuell sein konnte. Papst Johannes Paul II. hat die aufkommende Diskussion über eine Frauenordination 1994 mit dem Apostolischen Schreiben »Über die nur Männern vorbehaltene Priesterweihe« mit der Feststellung beendet: »... erkläre ich kraft meines Amtes, die Brüder zu stärken, dass die Kirche keine Vollmacht hat, Frauen die Priesterweihe zu spenden, und dass sich alle Gläubigen der Kirche endgültig an diese Entscheidung zu halten haben.« Diesem *Roma-locuta-causa-finita*-Machtwort wurde auch in der katholischen Kirche nicht nur von U. Ranke-Heinemann heftig, aber erfolglos widersprochen.

6.4.6 Kirchliches Amt und Staat

Die Ausbildung eines kirchlichen Amts im 2. Jahrhundert ist, intern betrachtet, auf den Wunsch zurückzuführen, einen stets gegenwärtigen Garanten der apostolischen Tradition zu haben, der für gültige Entscheidungen autorisiert ist. Darüber hinaus gab es wohl auch einen sozialen und kultischen Druck, der von der heidnischen Umwelt ausging. Die heidnischen Oberpriester, besonders in den Städten, standen in hohem Ansehen. Sie hatten guten Kontakt zu den staatlichen Behörden und konnten dort auch Einfluss ausüben. So war es für die christlichen Gemeinden verlockend und hilfreich, ebenfalls durch einen mit Vollmachten ausgestatteten Repräsentanten in der Öffentlichkeit vertreten zu sein und so mit den anderen Religionen und staatlichen Behörden auf gleicher Augenhöhe verhandeln zu können.

Im Bischof Cyprian († 258) sieht man dieses Ideal bereits verkörpert. Das würdevoll besonnene Auftreten des ehemaligen Juristen als Bischof von Karthago und seine Art, in der Gemeinde als Herrscher und Richter zu wirken, scheint am Vorbild der römischen Magistraten orientiert zu sein. Diese Öffentlichkeit war freilich in der Zeit, da die christliche Religion nicht anerkannt war, gefährlich. Cyprian und viele andere Bischöfe erlitten den Märtyrertod.

Die Lage änderte sich mit Kaiser Konstantin. Er beendete die Christenverfolgung und stellte mit dem Edikt von 313 die Christen juristisch und finanziell den anderen Religionsgemeinschaften gleich. Das brachte den Bischöfen und dem Klerus einen enormen Zuwachs an Ansehen und an Einfluss. Die Bischöfe wurden jetzt auch in der Öffentlichkeit zu offiziellen Vertretern ihrer Kirche. Als Kaiser Theodosius der Große 380 die christliche Kirche zur praktisch alleinberechtigten Religion im Römischen Reich erhob, rückten die Bischöfe sogar zu den einzigen Repräsentanten von Religion auf.

Das Römische Reich wurde nach dem Tod von Theodosius unter seine beiden Söhne, in ein oströmisches und ein weströmisches Reich, aufgeteilt. Das weströmische Reich mit der Hauptstadt Rom blieb aber nur noch wenige Jahrzehnte bestehen. Germanische Stämme gründeten auf weströmischem Territorium eigene Reiche. 410 plünderten die Westgoten Rom, 476 setzte der germanische Heerführer Odoaker den letzten römischen Kaiser Romulus Augustulus ab. In der Zeit der großen politischen Umbrüche blieb allein die Kirche als intakte überregionale Großorganisation erhalten. Das trug den Bischöfen zusätzliches Ansehen als Garanten der Ordnung und der Kontinuität ein. Besonders der Bischof von Rom verkörperte jetzt das Ansehen des untergegangenen Kaisertums.

Das Prestige und die Macht, die den Bischöfen zugefallen waren, drückten sich jetzt auch in deren Amtskleidung aus. Im Neuen Testament gibt es keinerlei Hinweise auf eine besondere Kleidung für die im Gottesdienst Handelnden. Für die gottesdienstlichen Versammlungen legte man saubere und festliche Kleidung an. Von der alttestamentlichen Kultkleidung hatten die christlichen Gemeinden nichts übernommen. Die Funktionsträger und Kleriker der vorkonstantinischen Zeit kann man sich in einfachen, weißen Tuniken vorstellen. Das sind lange hemdartige Gewänder. Nachdem die christliche Religion zur anerkannten Religion aufgestiegen war und im Kontakt zum Staat stand oder sogar an dessen Stelle trat, übernahm der Klerus auch die von den staatlichen Behörden eingeführten Gewänder und Rangabzeichen Diese Gewänder sind in den differenzierten kultischen Bekleidungen der orthodoxen und römisch-katholischen Kirche zum Teil erhalten geblieben.

Nachdem Konstantin die Hauptstadt des Römischen Reichs von Rom nach Byzanz verlegt hatte, entstand eine natürliche Rivalität zwischen den Bischöfen von Rom und Byzanz/Konstantinopel. Das Konzil von Chalcedon (451) hat dem Bischof von Konstantinopel aufgrund der politischen Stellung der Stadt sogar ausdrücklich Vorrechte zugesprochen. Aber grundsätzlich galt außerhalb Roms die Gleichrangigkeit der Bischöfe und später der fünf Patriarchate (Rom, Alexandria, Antiochia, Konstantinopel und Jerusalem). Die Gleichrangigkeit der Bischöfe wurde aber von Rom schon früh in Frage gestellt.

6.5 Der Papst, die Vollendung der Hierarchie

6.5.1 Rom ist zunächst eine normale Gemeinde

In Rom existierte seit Mitte des 1. Jahrhunderts eine christliche Gemeinde. Erste Spuren dafür sind bereits in den späten 40er Jahren auszumachen, und zwar innerhalb der dortigen Judenheit, deren Anteil an der Gesamtbevölkerung der Millionenstadt damals zwei bis vier Prozent ausmachte. Paulus ist 56 als Gefangener nach Rom gebracht worden und dort wohl in der neronischen Christenverfolgung (64–67) umgekommen. Mitte des 2. Jahrhunderts tauchte die Nachricht auf, dass auch Petrus in Rom gewesen sei und dort ebenfalls unter Nero den Märtyrertod erlitten habe. Die Überlieferung, dass er der erste Bischof von Rom war und dort eine Amtszeit von 25 Jahren erreichte, ist erst in der Mitte des 3. Jahrhunderts aufgekommen und gilt als Legende. Zum einen gab es Mitte des 1. Jahrhunderts noch kein Bischofsamt und zum anderen ist eine Amtszeit von fünfundzwanzig Jahren in Rom in der Biographie des Petrus nicht unterzubringen. Als Legende kann auch eine Überlieferung aus dem späten 2. Jahrhundert gelten, nach der die Gemeinde von Rom eine gemeinsame Gründung von Petrus und Paulus war. Paulus setzt in seinem

Brief an die Gemeinde von Rom (um 56) die Existenz dieser Gemeinde bereits voraus. Es gibt auch keine zuverlässigen Hinweise darauf, dass die beiden Apostel in Rom bestattet worden sind. Feststeht nur, dass die christliche Gemeinde von Rom wegen ihrer Größe und als Gemeinde der Hauptstadt des Römischen Reichs schon sehr bald großes Ansehen genoss.

6.5.2 Petrus, die Basis des Papsttums

Das Papsttum sieht sich selbst in der Nachfolge des Apostels Petrus. Also gilt es zu klären, was wir heute historisch gesichert über die Person des Petrus wissen. Sein eigentlicher Name war Symeon bzw. Simon. Sein Beiname lautete aramäisch Kefa (edler Stein). Wann und warum der aramäische Beiname Kefa in den griechischen Beinamen Petros (von gr. *pétra*/Fels) umgewandelt wurde, ist nicht zu ermitteln. Simon-Petrus stammte aus Betsaida, war in Karfanaum verheiratet und von Beruf Fischer. Nach Jesu Tod wurde er der Leiter der Urgemeinde in Jerusalem. Der ersten Verfolgung von Christen zu Beginn der 40er Jahre in Jerusalem, in der Jakobus, der Bruder Jesu, zu Tode kam, konnte er entkommen. Nach seiner Flucht aus Jerusalem hat er wohl unter Juden missioniert, wir wissen aber nicht, wo. Auch über Zeitpunkt und Dauer seines Aufenthalts in Rom sind konkrete Aussagen nicht möglich. G. Denzler, katholischer Kirchenhistoriker und Herausgeber der umfassendsten und vielbändigen deutschsprachigen Papstgeschichte, fasst das historische Wissen über das Ende des Petrus in dem Satz zusammen: »Ob Petrus in Rom starb, ob er das Martyrium erlitt und in der Nekropole im Vatikan bestattet wurde, lässt sich aus den spärlichen Quellen endgültig weder beweisen noch widerlegen« (Denzler, 14). Daran haben die jüngsten Grabungsfunde nichts geändert.

6.5.3 Roms Bischofsliste bis 200

Die Umbildung von einer christlichen Gemeinschaft zu einer Bischofsgemeinde wird sich in Rom nicht anders vollzogen haben als in Karthago, Alexandria oder Antiochia. Das monarchische Bischofsamt ist in Rom erst in der zweiten Hälfte des 2. Jahrhunderts nachzuweisen. Eine Liste der Leiter von Roms Gemeinde ist durch Irenäus, von 178 bis um 202 Bischof von Rom, in Umlauf gebracht worden. Vom Gedanken der apostolischen Sukzession geleitet, führt er in dieser Liste die Namen von zwölf Personen auf, die als Nachfolger des Petrus römische Bischöfe gewesen sein sollen. In dieser Liste wird allerdings nicht Petrus, sondern Linus als der erste Bischof von Rom bezeichnet. Zum historischen Wert dieser Bischofsliste schreibt G. Denzler: »Sämtliche Namen der Papstlisten bis in die Mitte des 2. Jahrhunderts sind legendär« (Denzler, 16). Der erste historisch zuverlässige Bischofsname ist der des Victor von Rom, der sich 190/191 in den Streit um den Ostertermin eingeschaltet hat, sich aber gegen die kleinasiatischen Bischöfe nicht durchsetzen konnte.

Die fiktive Bischofsliste von Rom veranschaulicht den Konstrukt-Charakter der erst spät entstandenen Theorie von der apostolischen Sukzession der Bischöfe. Historisch betrachtet, kann es eine Sukzession von Bischöfen erst geben, seit es Bischöfe gibt, nämlich seit der Mitte des 2. Jahrhunderts. Für Bischof Irenäus war das Bischofsamt um 200 aber bereits so selbstverständlich, dass er es auch für die Anfangszeit voraussetzte. Mit dieser Voraussetzung schien sich die apostolische Sukzession des petrinischen Bischofsamtes für Rom nachweisen zu lassen.

Der Sukzessionsgedanke ist im Denken Jesu und der ersten Christengeneration nirgendwo unterzubringen, da beide auf den unmittelbaren Anbruch der Gottesherrschaft eingestellt und nicht mit Langzeitplanungen befasst waren. Wäre der Sukzessionsgedanke von Jesus je geäußert worden, hätten sich wohl alle Gemeinden darum bemüht, die Nachfolge in der Gemeindeleitung von den Anfängen an genau zu dokumentieren und zu archivieren. Das aber ist nicht geschehen. Die Bischofslisten, die nur für einige große Städte aufgezeichnet wurden, stammen alle aus späterer Zeit. Der Kirchenhistoriker R. P. C. Hanson fasst zusammen, »dass die große Zeit eines solchen Argumentierens mit der apostolischen Sukzession das ausgehende 2. und das beginnende 3. Jahrhundert war« (TRE 2, 537).

6.5.4 Roms Bischöfe erheben Leitungsansprüche

Bis an die Wende zum 3. Jahrhundert hat die Gemeinde von Rom über ihre Bistumsgrenzen hinaus keine Leitungsansprüche erhoben. Der erste, von dem ein derartiger Versuch bekannt ist, war der bereits erwähnte Victor I. Im Streit um den Ostertermin, den er verlor, scheint er die Gräber von Petrus und Paulus für seinen Versuch, Roms Entscheidung durchzusetzen, ins Feld geführt zu haben. Den Gedanken der Sukzession hatte er noch nicht.

In den Jahren 255–257 wurde zwischen Rom und Karthago ein Streit darüber geführt, ob Ketzer, die zur katholischen Kirche zurückkehrten, erneut zu taufen seien. So nämlich wurde es in Karthago gehalten. In Rom wurden Ketzer, die bereits auf den dreieinigen Gott getauft waren, durch Handauflegung wieder in die Kirche aufgenommen. Bischof Stephanus I. von Rom (254–257) berief sich in diesem Streit erstmalig darauf, in der Nachfolge des Petrus zu stehen. Er begründete seine, wie er meinte, bessere Tradition mit dem Hinweis auf das Wort an Petrus in Mt 16,18: »Du bist Petrus, und auf diesen Felsen werde ich meine Kirche bauen.« Für die Karthager war das kein zureichendes Argument. Rom unterlag in diesem Streit.

Die Ansprüche des römischen Bischofs mit Berufung auf die Petrus-Tradition wurden von den anderen Bischöfen zurückgewiesen, weil sie die Apostolizität der Kirche durch die apostolische Sukzession aller Bischöfe gewährt sahen und nicht durch einen von ihnen. Cyprian, Bischof von Karthago († 258), der das Kirchenverständnis maßgeblich geprägt hat, sah in Mt 16,18 kein Privileg für Rom, sondern die Stiftungsurkunde für jeden Episkopat. Die Kathedra Petri befindet sich für Cyprian in jeder Gemeinde, der ein ordnungsgemäß geweihter Bischof vorsteht. Cyprian und seine Mitbischöfe waren »Episkopalisten«. Roms Leitungsansprüche liefen bei ihnen ins Leere. G. Denzler zitiert seinen Fachkollegen K. Schatz: »Hätte man einen Christen um 100, 200 oder 300 gefragt, ob es einen obersten Bischof gibt, der über den anderen Bischöfen steht und in Fragen, die die ganze Kirche berühren, das letzte Wort hat, dann hätte er sicher mit Nein geantwortet« (Denzler, 17).

Die Kirchenhistoriker stellen fest, dass die Ansprüche der römischen Bischöfe auf ein besonderes Gewicht in Fragen der Lehre oder des Rechts bis in die Zeit Kaiser Konstantins des Großen († 337) keine Beachtung fanden. Bei den ersten vier ökumenischen Konzilien (bis Chalcedon 451) haben die Bischöfe von Rom nicht einmal aktiv mitgewirkt.

6.5.5 Rom beginnt das Felsenwort an Petrus (Mt 16,18) zu nutzen

In der christlichen Literatur des 2. und frühen 3. Jahrhunderts nimmt Petrus keine herausgehobene Stellung ein. Der Gedanke, dass Petrus als der erste Bischof von Rom zu verstehen sei, taucht frühestens um 200 auf. Cyprian, der von der *cathedra Petri* in Rom sprach, leitete daraus keinerlei Vorrang für Rom ab.

Die ersten römischen Bischöfe, die sich auf das Petrus-Argument beriefen, waren Damasus I. (336–384) und Siricius (384–399). Bis in die Mitte des 4. Jahrhunderts galt jeder Bischofssitz als *sedes apostolica* (apostolischer Stuhl). Damasus I.

beanspruchte diesen Titel nun zunehmend exklusiv für Rom und verband damit Ansprüche auf den Primat in Recht und Lehre. Der römische Bischof, so argumentierte er, sei zwar hinsichtlich seines Amtes den anderen Bischöfen gleichgestellt, er überrage sie aber durch das Vorrecht des Apostolischen Stuhls. Als Erster erhob er die Forderung, dass Beschlüsse der Synode nur gültig seien, wenn sie vom römischen Bischof bestätigt würden. Dieser Jurisdiktionsanspruch Roms war aber offenbar noch nicht einmal bis zum Kirchenlehrer Augustinus († 430), dem romfreundlichen Bischof des nordafrikanischen Hippo Regius, gedrungen. Im Ostteil des Reichs wurden Roms Vorrang-Ansprüche ohnehin nicht ernst genommen.

Das entscheidende Argument der römischen Petrus-Tradition spielte erst Papst Leo I. (440–461) aus, und zwar mit seinem Hinweis auf Mt 16,18: »Du bist Petrus, und auf diesen Felsen werde ich meine Kirche bauen.« Papst Leo I. nutzte dabei aber nicht die theologische Bedeutung dieses Satzes, sondern dessen juristische Möglichkeiten. Er interpretierte die Zusage an Petrus aufgrund des griechisch-römischen Erbrechts und argumentierte so: Petrus war der erste Bischof Roms. Also lebt er als Erblasser in seinen Erben (den Bischöfen von Rom) als juristische Person weiter. Die Autorität, die Jesus Petrus exklusiv zugesprochen hatte, liegt demnach rechtlich beim jeweiligen Bischof von Rom. Indem nun Leo I. dem Apostel Petrus eine christusähnliche Stellung in der Kirche zusprach, reklamierte er diese Rolle und Vollmacht auch für die Nachfolger von Petrus, die Bischöfe von Rom. Wenn, so Leo I., dem Petrus die Verantwortung für die gesamte Kirche auf die Schultern gelegt worden ist, so wurde sie auch den römischen Bischöfen auferlegt. Diese Verantwortung muss daher auch von ihnen wahrgenommen und ausgeübt werden. Das heißt, die einzelnen Bischöfe haben zwar Kompetenz in ihrer Region, aber die Bischöfe von Rom haben als die Petrus-Nachfolger die gesamte Kirche zu leiten.

Für Leo I. hatte der römische Bischof die Vollmacht, auch unabhängig von Synoden und Konzilien »in wesentlichen Fragen der Lehre und des christlichen Lebens für alle Kirchen verbindlich zu entscheiden« (Denzler, 23). Mit diesem Gedankengang war die Idee des Papsttums und seines Primatanspruchs gedanklich voll ausgebildet. Leo I. wird daher als der erste eigentliche Papst betrachtet. Allerdings gab es hinsichtlich der Primatsansprüche Roms und der Anerkennung dieser Ansprüche durch die anderen Bischöfe stets große Differenzen. Der Osten widersetzte sich konsequent und bleibend allen römischen Ansprüchen auf einen Primat in Jurisdiktion und Lehre.

6.5.6 Die Petrus-Verheißung im Rangstreit zwischen Rom und Konstantinopel

Der Primatsanspruch Roms ruht seit Leo I. auf der Petrus-Verheißung. H. Küng fasst den Konsens der historischen Forschung zu diesem Thema so zusammen: »Von einem Rechtsprimat – gar einer biblisch begründeten Vorrangstellung – der römischen Gemeinde oder gar des römischen Bischofs konnte in den ersten Jahrhunderten keine Rede sein« (Küng 07, 365). Der Wortlaut der Petrus-Verheißung taucht bis Mitte des 3. Jahrhunderts als Argument für einen Vorrang Roms nirgendwo auf. Die Petrus-Verheißung Mt 16,18f wurde in der gesamten Kirche des Ostens nie als die Übertragung einer persönlichen Autorität und Vollmacht exklusiv an Petrus verstanden. Die Vollmacht »was du auf Erden bindest, wird auch im Himmel gebunden sein, und was du auf Erden löst, wird auch im Himmel gelöst sein« (Mt 16,19) bezieht sich auf die Vergebung der Sünden und wird Mt 18,18 wortgleich allen Jüngern zugesprochen: »Was immer ihr auf Erden bindet ...« Die Ostkirche hat Rom immer wieder daran erinnert, dass man die Petrus-Verheißung nicht im juristischen Sinn für Primatszusagen instrumentalisieren darf.

Als das Konzil von Chalcedon 451 der neuen Kaiserstadt Konstantinopel aufgrund ihrer politischen Bedeutung die gleichen patriarchalen Würden zusprach, konterte der römische Legat mit der Feststellung, »dass die römische Kirche seit je den Primat innehatte« (*ecclesia Romana semper habuit primatum*). Die unvereinbaren Gegensätze von Ost und West liegen hier bereits offen zutage.

6.5.7 Rom gewinnt durch die politischen Umbrüche

Durch die Teilung des römischen Reichs 395 und durch den Untergang des weströmischen Reichs 476 schien der römische Bischof an politisch begründetem Prestige verloren zu haben. Doch das sollte sich bald ganz anders darstellen. In jener Phase staatlicher Schwäche entwickelte Bischof Gelasius I. 494 seine Zwei-Gewalten-Theorie und legte sie dem oströmischen Kaiser Anastasios I. vor. Darin schreibt er: »Zwei sind es, ehrwürdiger Kaiser, von denen diese Welt prinzipiell regiert wird: die heilige Autorität der Päpste und die königliche Gewalt. Unter diesen haben die Priester ein umso größeres Gewicht, als sie auch für die Könige unter den Menschen bei der göttlichen Prüfung Rechenschaft ablegen müssen« (KThQ 2,1). Das Selbstwertgefühl der Petrus-Nachfolge schien keine Grenzen mehr zu haben. Gelasius sah sich nicht nur als der Herr über die gesamte Kirche, sondern dehnte seinen Vormachtanspruch sogar noch aus, indem er sich auch über die Staatsmacht setzte, von der das Christentum doch erst vor wenigen Generationen als Religion anerkannt und legitimiert worden war. Im Westen wurde die Theorie von der geistlich-päpstlichen Gewalt, die über der weltlich-königlichen Macht steht, noch weiter ausgebaut und beeinflusste eineinhalbtausend Jahre lang den Gang der politischen Geschichte.

Beim Untergang des weströmischen Reichs hat der Bischof von Rom keineswegs an Ansehen und Macht verloren, sondern eher gewonnen. Gerade im Chaos der politischen Turbulenzen sah man den Glanz der ehemaligen Metropole und die römische Identität am besten durch die unversehrt gebliebene Kirche und durch den Papst repräsentiert und gewährleistet. Es ist kein Zufall, dass die Kirche in dieser Zeit kaiserliche Amtstrachten und Symbole übernahm.

6.5.8 »Papst« und andere Titel

In den Titeln, die sich die römischen Bischöfe gaben, spiegelt sich sehr deutlich ihr Selbstverständnis. Der Titel »Bischof von Rom« blieb als Ausdruck der Petrus-Nachfolge wohl die Basis, hob aber die Vorrangstellung gegenüber anderen Bischöfen nicht deutlich genug hervor. In der Mitte des 4. Jahrhunderts tauchte für den Bischof von Rom erstmals die Bezeichnung *papa* auf. Das Wort »Papst« kommt von gr. *pappas*/lat. *papa*/dt. »Vater«. Im Osten war es die ehrenvolle Anrede und der Titel für Äbte, Bischöfe und Patriarchen. Im *Dictatus papae* wird 1075 bestimmt, dass nur der Bischof von Rom *papa* (Papst) genannt werden darf.

Pontifex Maximus war ursprünglich der Titel des heidnischen Oberpriesters von Rom. Von Augustus an und bis 38 wurden Amt und Titel auch von den römischen Kaisern übernommen. Seit Leo I. (440–461) wurde er zum Ehrentitel der Päpste und war später diesen allein vorbehalten. Seit dem 2. Jahrtausend ist er alleiniges Vorrecht des römischen Bischofs.

Der Titel *Vicarius Petri* (Stellvertreter des Petrus) ergab sich mit Leo I. Anspruch, der mit allen Vollmachten und Pflichten ausgestattete Rechtsnachfolger des Petrus zu sein. Dieser Titel wurde im 12. Jahrhundert durch die Steigerung *Vicarius Christi* (Stellvertreter Christi) aufgewertet und ist seit dem 15. Jahrhundert ein festes Element päpstlicher Selbstbezeichnung.

Servus servorum Dei (Knecht der Knechte Gottes) wurde als Devotionsformel von Papst Gregor I. (590–604) aufgenommen und gehört seit dem 11./12. Jahrhundert zum päpstlichen Titelrepertoire. Mit dem Ausbau des Papstamts blieben auch die Titel ausbaufähig.

6.5.9 Das »dunkle Jahrhundert« der Papstgeschichte

Katholische Kirchenhistoriker bezeichnen die Zeit zwischen 882 und 1046 als das *saeculum obscurum* (dunkles Jahrhundert) der Papstgeschichte, gelegentlich noch deutlicher als »Weiber- und Hurenregiment« oder als »Zeitalter der Pornokratie«. Es beginnt mit der Ermordung von Papst Johannes VIII. im Jahr 882 und wurde erst durch den deutschen König Heinrich III. beendet. Zur Charakteristik dieser Zeit schreibt Denzler: »Von den 45 (!) Päpsten dieses Zeitraumes wurden ein Drittel ihres Amtes enthoben, ein weiteres Drittel endete im Kerker oder im Exil oder starb durch Mörderhand« (Denzler, 39). Als der Ämterkauf blühte und gleich drei Personen einander den Anspruch auf das Papstamt streitig machten, setzte Heinrich III. auf einer Synode in Sutri 1046 alle drei ab und erhob Bischof Suitger von Bamberg zu Papst Clemens II. Aber auch er fiel bereits ein knappes Jahr nach seiner Ernennung einem Giftmord zum Opfer. Heinrich III. ernannte auch die vier folgenden Päpste und beendete so die Epoche des Ämterkaufs (Simonie).

6.6. Der Ausbau des Papsttums im Westen

6.6.1 Das Schisma von 1054

Im »dunklen Jahrhundert« hatte sich der byzantinische Osten dem römischen Westen zunehmend entfremdet. Mit dem Schisma von 1054 zerbrach die christliche Einheit endgültig. Die Kirche des Westens entwickelte sich fortan ohne das kritische Korrektiv der orthodoxen Kirchen nur noch im eigenen Biotop.

Das Wort »Schisma« kommt von gr. *schisma* (auszusprechen: *s-chisma*) und bedeutet »Riss/Spaltung«. Das Schisma von 1054 wird nicht theologisch begründet, sondern war Ausdruck eines Machtstreits zwischen Rom und Konstantinopel. Der selbstbewusste Patriarch Cerularius von Konstantinopel hatte Rom zur Klärung einiger Sachfragen eingeladen. Aus römischer Sicht scheiterten die Gespräche daran, dass Konstantinopel sich weigerte, den Primatanspruch des römischen Bischofs anzuerkennen. Für Rom galt als Schismatiker, wer dem römischen Bischof die Gemeinschaft und Vorrangstellung verweigerte. So legte der römische Gesandte den päpstlichen Bannfluch auf den Hauptaltar der Hagia Sophia und exkommunizierte den Patriarchen und die Seinen. Die Byzantiner exkommunizierten daraufhin die Lateiner, denn für die Ostkirchen war ein Schismatiker, wer die Gemeinschaft der Bischöfe verließ und sich über diese erhob. Die gegenseitige Exkummunikation von 1054 ist formal 1965 von beiden Seiten aufgehoben worden. In der Beurteilung der Primatsfrage hat sich aus östlicher Sicht dadurch nichts geändert.

6.6.2 Der Papst erklärt sich zum unumschränkten Herrn der Kirche

König Heinrich III. starb 1056 unerwartet mit 39 Jahren. Heinrich IV. war noch keine 6 Jahre alt, als er die Nachfolge antreten musste. In dieser Schwächeperiode des deutschen Königtums gelang es Roms Bischof, sich dem Einfluss der deutschen Könige zu entziehen und die Papstwahl gegen jeden weltlichen Zugriff abzusichern.

Im Ausbau der päpstlichen Macht war Papst Gregor VII. (1073–1085) besonders erfolgreich. Er setzte bereits 1075 durch, dass dem König das Recht entzogen wurde, Bischöfe und Reichsäbte einzusetzen und sie durch den Lehnseid an sich zu binden. Sein Verständnis des Papsttums formulierte er ebenfalls 1075 in den 27 Thesen seines *Dictatus Papae*. Danach ist der Papst der unumschränkte Herr der Kirche. Er allein kann – auch ohne Zustimmung einer Synode – Bischöfe ein- und absetzen und eine allgemeine Synode einberufen. Der Papst ist sogar der oberste Herr der ganzen Erde. Er kann Kaiser absetzen und Untertanen vom Treueid entbinden. »Sein Entscheid kann von niemandem aufgehoben werden, er selbst aber kann Urteile aller anderen Instanzen aufheben.« Als Zeichen seiner fürstlichen Gewalt trug der Papst bereits 1056 die Tiara mit einer Krone, später mit zwei Kronen und ab 1314 sogar mit drei Kronen. Die genannten Vollmachten leitete Gregor VII. aus Mt 16,19, dem Schlüsselwort an Petrus, ab. »Damit war die Institution des Papsttums zu einem neuen Glaubensartikel erhoben worden« (Denzler, 49).

6.6.3 Die rechtliche Begründung der Machtansprüche

Die zunehmenden Machtansprüche der Päpste suchte man schon früh rechtlich abzusichern. Um die Mitte des 9. Jahrhunderts tauchte ein Dokument auf, das eine Schenkung Kaiser Konstantins (306–337) anlässlich einer Heilung und seiner Taufe an seinem Taufvater Papst Silvester I. (314–335) bezeugt. Konstantin übertrug Silvester I. neben verschiedenen kirchlichen Würden und Rechten den lateranischen Kaiserpalast und die Herrschaft über Rom, Italien und den westlichen Besitz Ostroms. Mit dem Primat Roms über alle Kirchen fallen dem Papst auch die kaiserlichen Insignien zu wie z. B. Diadem, Purpur, Zepter, Titel und Rangordnung der päpstlichen Kurie, die dem kaiserlichen Hof entsprechen. Diese »Konstantinische Schenkung« ging als Rechtsdokument in das *Corpus iuris canonici*, die Sammlung des Kirchenrechts der römisch-katholischen Kirche, ein.

Zweifel an der Echtheit der Konstantinischen Schenkung« äußerte 1433 Nikolaus von Cues (1401–1464), Bischof von Brixen. Der Humanist und Historiker Lorenzo Valla deckte 1440 die »Konstantinische Schenkung« als eine Fälschung auf, die vermutlich in der 2. Hälfte des 8. Jahrhundert in der Kurie angefertigt worden war. Den Fälschern war freilich entgangen, dass der beschenkte Taufvater, Papst Silvester, bereits zwei Jahre *vor* der Taufe Konstantins gestorben war.

Die gefälschte Urkunde sollte zunächst wohl die Selbständigkeit Roms gegenüber Byzanz begründen. Sie wurde dann aber zunehmend als Rechtsgrundlage im Machtstreit mit dem Kaisertum verwendet und leistete auch dann noch gute Dienste, als sie längst als Fälschung erkannt war.

6.6.4 Der Papst erklärt sich zum Herrn der Welt

In den wechselvollen Machtkämpfen mit dem Kaisertum verloren die Päpste nicht ihr Ziel aus den Augen, auch die politische Oberhoheit zu erringen und die Welt zur *Civitas Dei* (Reich Gottes) zu gestalten. Papst Innozenz III. (1198–1216) kam diesem Ideal sehr nahe. Er setzte das Verhältnis von Kirche und Staat mit dem von Sonne und Mond gleich und schrieb dazu: »Wie nun der Mond sein Licht von der Sonne erhält und zugleich kleiner und im Hinblick auf Helligkeit Stellung und Wirksamkeit unbedeutender ist, so erhellt die königliche Macht ihren Glanz von der Autorität des Papstes« (Ritter 2, 107). Der Anspruch des Vorrangs der geistlich-päpstlichen vor der weltlichen Macht war damit kaum noch zu steigern. Innozenz III. »betrachtete nicht nur die universale Kirche, sondern den ganzen Erdkreis als päpstliches Herrschaftsgebiet. So wandelte sich die Kirche von der brüderlichen Gemeinschaft zur Hierokratie (Priesterherrschaft) und die Welt zum Herrschaftsbereich des Papstes als eines Monarchen« (Denzler 5, 4). H. Küng resümiert: »Nein, es lässt sich nicht bestreiten: Jener überzogene Machtanspruch des Papsttums, der die Kirchenspaltung mit dem Osten und den Protest der Reformatoren mit dem Westen zur Folge haben sollte, wurde im 11./12. Jahrhundert ganz wesentlich mit Hilfe dieser Fälschungen durchgesetzt« (Küng 07, 431) – von denen hier nur die »Konstantinische Schenkung« erwähnt wurde. Küng fragt grundsätzlich, »Werden Fiktionen, wenn sie von der Kirche anerkannt werden, so einfach zu Tatsachen? Wird Lüge zu Wahrheit, wenn man im Namen oder zugunsten der Kirche lügt?« (Küng 07, 430)

6.6.5 Die Zentralisierung der Macht wird vorangetrieben

Der päpstliche Anspruch auf absolute Herrschaft ließ sich im 13. Jahrhundert zwar noch aufrechterhalten, aber nur innerhalb der Kirche tatsächlich verwirklichen. Hier wurde die Zentralisierung vorangetrieben. Legislative, Exekutive und Judikative wurden im Papsttum als der absoluten Herrschaftsinstitution zusammengeführt. Der Episkopat wurde dem päpstlichen Einfluss unterworfen und dem Papstamt die Rolle des Universalepiskopats zugesprochen. Die Jurisdiktion wurde konsequent in die Hand des Papstes gelegt, und um das Papsttum wurde ein wachsendes System von kurialen Behörden aufgebaut. Damit hatte sich der lateinische Westen endgültig von der episkopalen Struktur der Ostkirche und erst recht von den synodalen Strukturen der alten Kirche abgekoppelt.

Besonderes Augenmerk richtete Rom auf die innerkirchliche Disziplinierung. Die Klöster und kirchlichen Orden wurden aus ihren Diözesanverbänden herausgelöst und stärker an Rom gebunden. Das 4. Konzil im Lateran von 1215 verbot die freie Gründung neuer Orden. Jede Ordensregel musste jetzt durch den Papst bestätigt werden.

Abweichungen von der reinen Lehre, die man als »Häresie« oder »Ketzerei« bezeichnet, setzen eine reine Lehre voraus. In den frühen christlichen Gemeinden gab es keine Ketzerei in diesem Sinne, da es zwar viele Versuche gab, dem christlichen Glauben sprachlichenAusdruck zu geben, aber noch keine reine Lehre. Ketzerei setzt ferner eine Instanz voraus, die autorisiert ist, eine Abweichung festzustellen und zu bestrafen. In der alten Kirche entschieden Synoden darüber, was als Ketzerei zu gelten hatte. In der Kirche des Westens wurde diese Entscheidung in das Lehramt der Kirche verlagert und schließlich in letzter Instanz dem Papst übertragen. Fortan galt alles als Ketzerei, was nicht dem päpstlichen Denken entsprach. Ketzerei wurde zum Majestätsverbrechen erklärt, und die weltliche Macht wurde dazu verpflichtet, die Ketzer auszumerzen.

Bis zum Ende des 12. Jahrhunderts ging man nur jenen Ketzereien nach, die angezeigt wurden. Ab 1184 wurden die Bischöfe damit beauftragt, bei ihren Visitationen Verdächtige aufzuspüren. Papst Gregor IX. richtete 1231/32 eine zentrale römische Inquisition ein und beauftragte die Orden der Dominikaner und später auch der Franziskaner. damit, die Ketzer aufzuspüren und zu verurteilen. Die Laien wurden aufgefordert, Verdächtige zu melden. »Wer kein Denunziant ist, muss mit härtesten Strafen rechnen« (Hasenhüttl 2, 257). Papst Innozenz IV. genehmigte 1252 die Anwendung von Folter in Ketzerprozessen.

6.6.6 Der Anspruch auf Weltherrschaft erweist sich als illusionär

Das Pontifikat von Innozenz III. (1198–1216) bildete den Höhepunkt, aber auch den Wendepunkt eines Papsttums, das die Weltherrschaft beanspruchte. Kräftekonstellationen ändern sich aber schnell. Mit dem Wormser Konkordat (1122) verloren die deutschen Könige das Recht, die Bischöfe des Reichs zu bestellen. Damit hatte sich die Kirche vom Eingriffsrecht des Staates in die inneren Angelegenheiten der Kirche befreit und von weltlicher Macht emanzipiert. Andererseits erstarkte in ganz Europa das Nationalbewusstsein, und die Staaten suchten sich aus der Bevormundung durch den Papst zu befreien.

In falscher Einschätzung der tatsächlichen Machtverhältnisse steigerte Papst Bonifaz VIII. (1294–1303) den päpstlichen Anspruch auf Weltherrschaft noch einmal in geradezu maßloser Weise. In seiner Bulle *Unam sanctam* von 1302 entwickelte er die Zwei-Schwerter-Lehre zu einer Zwei-Gewalten-Lehre weiter und erklärte, »dass die geistliche Gewalt jedwede irdische sowohl an Würde als auch an Adel überragt ... denn wie die Wahrheit bezeugt, muss die geistliche Gewalt die irdische einsetzen und richten, wenn sie nicht gut war« (D 873). Die geistliche Gewalt, also der Papst, könne hingegen von niemandem gerichtet werden. Das päpstliche Sendschreiben schließt mit der Feststellung, »dass es für jedes menschliche Geschöpf unbedingt notwendig zum Heil ist, dem römischen Bischof unterworfen zu sein« (D 875). Der Bogen war überspannt. Als sich Bonifaz VIII. anschickte, König Philipp IV. von Frankreich mit dem Bann zu belegen, ließ dieser den Papst kurzerhand gefangennehmen und zeigte ihm damit die Grenzen seiner Allmachtsträume. Der Versuch, einen theokratischen Universalstaat zu errichten, war endgültig gescheitert. Mit dem Habsburger Albrecht I. starb 1308 der letzte deutsche König, der noch 1303 die Vorrangstellung des Papsttums über das Kaisertum anerkannt hatte. H. Küng kommentiert: »Das Ende der päpstlichen Weltherrschaft war gekommen, nicht aber das der päpstlichen Ansprüche ...« (Küng 07, 531)

Die Päpste lebten von 1309 bis 1377 in Abhängigkeit von den französischen Herrschern in der »babylonischen Gefangenschaft« in Avignon in der Provence. Danach brach die Kirche in zwei Papstkirchen auseinander, die sich gegenseitig exkommunizierten. 1409 kam sogar noch ein dritter Papst hinzu. Dieses abendländische Schisma (1378–1415), das den Machtverfall des Papsttums noch beschleunigte, wurde erst durch das Konzil von Konstanz 1415 beendet. Hier setzte sich für einige Zeit der Episkopalismus oder Konziliarismus gegen den Papalismus durch. Das Konzil erklärte, seine Vollmacht unmittelbar von Christus zu haben, aber auch das folgende Konzil von Basel (1431–1449) konnte eine längst fällige Reform der Kirche nicht durchsetzen.

6.6.7 Ein verweltlichtes Papsttum kämpft um die Alleinherrschaft in der Kirche

Die Päpste der Renaissance, beginnend mit Nikolaus V. (1447–1455), kümmerten sich wenig um kirchliche Belange, dafür aber mit Hingabe um die Entfaltung weltlicher Pracht. Rom sollte zur Hauptstadt der Kunst werden. Man begann die Peterskirche neu zu erbauen und den Vatikanpalast zu erweitern. Sprichwörtlich war das lockere Leben der Päpste. Innozenz VIII. (1484–1492) erkannte seine illegitimen Kinder öffentlich an und feierte deren Hochzeiten aufwändig im Vatikan. Neben ihren weltlichen Aktivitäten, dem Erschließen von Geldquellen und der Vetternwirtschaft (Nepotismus), verfolgten die Renaissancepäpste das Ziel, das Konzil zu entmächtigen, es seiner Vollmachten wieder zu berauben und die Macht der Kurie auszubauen, um so wieder die alleinige Gewalt über die Kirche zurückzugewinnen. Da keiner der Renaissancepäpste eine theologische Ausbildung mitbrachte, die ihn für dieses Amt befähigt hätte, waren sie auch nicht in der Lage, die Reformbewegungen richtig einzuschätzen, die schließlich zur Reformation führten, und auf die geistlichen Herausforderungen angemessen zu reagieren. Das Konzil von Trient (1545–1563) trug zwar zur Stärkung der päpstlichen Autorität bei und bewirkte auch eine spürbare Zentralisierung der kirchlichen Strukturen. Das änderte aber nichts daran, dass das Papsttum im 17. und 18. Jahrhundert deutlich an Bedeutung einbüßte. Rom verlor zusehends den Kontakt zur zeitgenössischen Kultur und reagierte auch hilflos auf die Französische Revolution.

6.6.8 Die Inquisition als päpstliches Instrument gegen abweichendes Denken

Als päpstlicher Fels in der Brandung der Geschichte erwies sich die zentrale römische Inquisition, das *Sanctum Officium*, das als päpstliche Behörde 1542 eingerichtet worden war, um die Ausbreitung reformatorischer Gedanken zu verhindern und den in Rom geltenden Glauben rein zu halten. Dem Großinquisitor standen viele Inquisitoren und eine Inquisitionskommission zur Seite. Deren Aufgabe war es, Ketzer aufzuspüren und sie mit staatlicher Hilfe durch Haft und Todesstrafe unschädlich zu machen.

1564 wurde der Tridentinische Index veröffentlicht, eine Liste der für alle Katholiken verbotenen Bücher. 1571 wurde dafür sogar eine eigene päpstliche Indexkongregation eingesetzt. Es kann als eine Art symbolischer Handlung gelten, dass Papst Pius V. in der Nähe des Vatikans für die Gefangenen der römischen Inquisitionsbehörde einen fluchtsicheren Neubau errichten ließ, der heute Sitz der »Kongregation für Glaubenslehre« ist – der Nachfolgeeinrichtung der Inquisitionsbehörde.

Das Papsttum verbündete sich im 19. Jahrhundert mit den restaurativen Kräften gegen alle Äußerungen einer neuen Zeit. Papst Pius IX. ließ 1864 einen *Syllabus errorum*, ein Verzeichnis von achtzig der »hauptsächlichsten Irrtümer der Zeit«, veröffentlichen, das man als den Höhepunkt eines gedanklichen Absolutheitsanspruchs bezeichnen kann. Verurteilt werden darin alle damals bekannten politischen, philosophischen und theologischen Positionen, die heute als die Elemente einer freiheitlichen und demokratischen Moderne und Wissenschaft gelten. Im letzten Absatz des Syllabus wird zusammengefasst, was besonders abzulehnen ist, nämlich die Forderung, »der Römische Bischof kann und soll sich mit dem Fortschritt, mit dem Liberalismus und mit der modernen Kultur versöhnen und anfreunden« (D 2980). Theologen, deren Gedanken von den im Syllabus aufgeführten »Irrtümern«

angekränkelt schienen, wurden exkommuniziert und ihrer Ämter enthoben. Dieses für die römisch-katholische Kirche verhängnisvolle Dokument der Selbstgettoisierung ist erst hundert Jahre später im Vatikanum II entschärft worden.

In seinem Kampf gegen Aufklärung, Liberalismus und Protestantismus wurde der Papst angestoßen, bestärkt und ermutigt durch die Bewegung des Ultramontanismus, die sich vor allem in nordalpinen Ländern (*ultra montes*) bereits seit dem Beginn des 19. Jahrhunderts zu Wort meldete. Der Papst wurde hier als der personifizierte Hort der Tradition verstanden und zum »Heiligen Vater« hochstilisiert, zu dem man Pilgerfahrten unternahm und um den ein Papstkult entstand, der – auch vom Glauben abgekoppelt – ein Eigenleben annahm.

6.6.9 Die dogmatische Vollendung der Papstidee auf dem Ersten Vatikanischen Konzil

Die Angst vor der Moderne und der Ruf nach einem starken Papstamt gaben den Anstoß zum Ersten Vatikanischen Konzil, das 1869/70 stattfand. Von den Traditionalisten war es als eine Art von bischöflicher Wagenburg konzipiert, die angesichts der Gefahren der Moderne um den Papst zu errichten war. H. Küng charakterisiert es als »Das Konzil der Gegenaufklärung«. Wesentlicher Inhalt des Konzils waren die Definition und die Dogmatisierung der päpstlichen Unfehlbarkeit. In der Dogmatischen Konstitution *Pastor aeternus* von 1870 heißt es dazu: »Gestützt auf die offensichtlichen Zeugnisse der Heiligen Schrift« erklärt das Konzil: »Indem Wir Uns ... der von Anfang des christlichen Glaubens an empfangenen Überlieferung getreu anschließen, lehren Wir mit Zustimmung des heiligen Konzils zur Ehre Gottes ... und entscheiden, dass es ein von Gott geoffenbartes Dogma ist:

Wenn der Römische Bischof ›ex cathedra‹ spricht, d. h., wenn er in Ausübung seines Amtes als Hirte und Lehrer aller Christen kraft seiner höchsten Apostolischen Autorität entscheidet, dass eine Glaubens- oder Sittenlehre von der gesamten Kirche festzuhalten ist, dann besitzt er mittels des ihm im seligen Petrus verheißenen göttlichen Beistands jene Unfehlbarkeit, mit der der göttliche Erlöser seine Kirche bei der Definition der Glaubens- oder Sittenlehre ausgestattet sehen wollte; und daher sind solche Definitionen des Römischen Bischofs aus sich, nicht aber aufgrund der Zustimmung der Kirche unabänderlich. Wer sich aber – was Gott verhüte – unterstehen sollte, dieser Unserer Definition zu widersprechen, der sei mit dem Anáthema belegt« (D 3074). Das griechische Wort *anáthema* bezeichnet das Verfluchte und bedeutet Exkommunikation, d. h. Ausschluss aus der kirchlichen Gemeinschaft.

Was ist an diesem Text so bemerkenswert?

1. Was die römischen Bischöfe schon seit Jahrhunderten angestrebt haben, wird hier zum Dogma erhoben, das fortan als Glaube eingefordert wird.

2. In der Begründung berufen sie sich auf die »offensichtlichen Zeugnisse der Heiligen Schrift«, die von der Bibelwissenschaft trotz eifriger Suche bisher nicht zu entdecken waren. (siehe 6.5)

3. Das Dogma gilt nicht als vom Konzil beschlossen, sondern als »von Gott geoffenbart«. Sein Inhalt ist demnach ein göttliches Recht (*ius divinum*) und ist damit unveränderbar.

4. Unabänderlich steht also seit 1870 fest, dass Päpste in Ausübung ihres Lehramtes unfehlbar sind, wenn sie in Fragen des Glaubens und der Sitte definitiv entscheiden. Das war im Vorfeld der Konzilsentscheidung heftig umstritten. Bischof Hefele von Rottenburg wies auf Papst Honorius I. (625–638) hin, dessen Lehre über den Willen Christi (Monotheletismus) als häretisch verworfen worden war. Das Gleiche gilt für die Lehren einer Reihe von anderen Päpsten. Papst Johannes XXII. (1316–1334) bezeichnete in einem päpstlichen Sendschreiben von 1324 die Lehre von der Unfehlbarkeit als »Teufelswerk«, da sie den jeweiligen Papst an die Lehrentscheidungen seiner

Vorgänger bindet und ihn somit einschränkt. Vielleicht hat Papst Johannes XXIII. an seinen Namensvorgänger im Amt gedacht, als er »erklärte, dass er nicht unfehlbar sei, da er nie etwas Unfehlbares sagen werde« (Hasenhüttl 2, 339). In der Vorabstimmung votierten von den 774 Konzilsvätern 88 mit Nein und 62 nur mit einem bedingten Ja. 57 Gegner nahmen die ihnen eröffnete Möglichkeit an, vorzeitig abzureisen. So stimmten in der Schlussabstimmung nur noch zwei mit Nein. Diese unterwarfen sich aber nach der Abstimmung sofort der Entscheidung des Konzils.

5. Die Lehrentscheidungen des Papstes sind aus sich (*ex sese*) für alle Gläubigen verbindlich. Sie bedürfen keiner Bestätigung. Das wird an anderer Stelle so verdeutlicht: »Das Urteil des apostolischen Stuhls aber, über dessen Autorität hinaus es keine größere gibt, darf von niemanden neu erörtert werden, und keinem ist es erlaubt, über sein Urteil zu urteilen« (D 3063). Das Anrufen eines Konzils ist damit ausgeschlossen. Der Papst hat unwiderruflich die unumschränkte Lehrgewalt in der Kirche.

Neben der lehramtlichen Unfehlbarkeit definierte das Vatikanum I auch den Rechtsprimat des römischen Bischofs (Jurisdiktionsprimat). Das Konzil erklärt: »Wer deshalb sagt, der Römische Bischof besitze lediglich das Amt der Aufsicht bzw. Leitung, nicht aber die volle Jurisdiktionsvollmacht über die gesamte Kirche, nicht nur in Angelegenheiten, die den Glauben und die Sitten, sondern auch in solchen, die die Disziplin und Leitung der auf dem ganzen Erdkreis verbreiteten Kirche betreffen; oder er habe nur einen größeren Anteil, nicht die ganze Fülle dieser höchsten Vollmacht; oder diese Vollmacht sei nicht ordentlich und unmittelbar sowohl über alle und die einzelnen Kirchen als auch über alle und die einzelnen Hirten und Gläubigen, der sei mit dem Anáthema belegt« (D 3064).

Der Papst erhält damit die volle, oberste ordentliche und unmittelbare Gewalt und ist ermächtigt, in allen Diözesen der Universalkirche unmittelbar einzugreifen. Dieser Jurisdiktionsvollmacht »gegenüber sind die Hirten und Gläubigen jeglichen Ritus und Ranges … zu hierarchischer Unterordnung und wahrem Gehorsam verpflichtet« (D 3060). Ungehorsam gegen Entscheidungen des Papstes oder Widerspruch gegen die Definitionen von Unfehlbarkeit und Jurisdiktionsprimat sind mit dem Kirchenbann (Exkommunikation) zu bestrafen (D 3064 + 3075). Das bedeutet Ausschluss aus der kirchlichen Rechtsgemeinschaft und damit auch von der Eucharistie. Diese Strafandrohung hielt prominente katholische Theologen nicht davon ab, ihre Skepsis und Einwände diesem Dogma gegenüber zum Ausdruck zu bringen. A. Daunis schreibt im Rückblick auf seine Erfahrungen als römisch-katholischer Priester in Rom und Südamerika: »Bei einzelnen Priestern und Theologieprofessoren kann die äußere Zustimmung zur offiziellen Lehre nur noch mittels einer strengen Disziplinierung erreicht werden« (Daunis, 80). Hans Urs von Balthasar wertet die Entscheidungen des Vatikanum I als eine »ausweglose Sackgasse« und einen »gigantischen Unfall«. Denzler sieht mit der lehramtlichen Unfehlbarkeit und dem Jurisdiktionsprimat des Papstes das »ursprüngliche Jesusantlitz nahezu ganz verblassen« und dafür »das Portrait des omnipotenten Papstes in hellstes Licht« treten (Denzler 98).

6.7   Nachwirkungen des absolutistischen Papsttums

6.7.1 Der antimodernistische Kurs wird durchgesetzt

Die römisch-katholische Kirche hat sich mit den beiden Papstbeschlüssen des Vatikanum I der Hand und dem Horizont ihres jeweiligen Papstes ausgeliefert. Die Päpste nach dem Vatikanum I verfolgten konsequent den Kampf gegen den Modernismus. Papst Leo XIII. (1878–1903) ermahnte seine Kirche »nachdrücklich, zum Schutz und zur Zierde des katholischen Glaubens ... die goldene Weisheit des heiligen Thomas wieder herzustellen und möglichst weit zu verbreiten« (D 3140). Er erhob das System des Thomas von Aquin (1225–1274) zur kirchlichen Normaltheologie, obwohl die Bewegung des Reformkatholizismus in Mitteleuropa darauf drängte, sich den Gedanken der Moderne und der historischen Forschung zu öffnen und sich mit den modernen Wissenschaften auseinanderzusetzen.

Führende römisch-katholische Theologen hatten sich die philologisch-historischen Methoden zur Erforschung von Bibel und Geschichte der Kirche längst angeeignet. Das waren keine Gegner ihrer Kirche, sondern Wissenschaftler, die versuchten, die Selbstgettoisierung ihrer Kirche zu überwinden. Papst Pius X. (1903–1914) bewertete diese Reformgeister als ein »Sammelbecken aller Häresien«, dem mit allen Mitteln ein Ende zu bereiten war. In einem 1907 veröffentlichten Syllabus wurden fünfundsechzig theologische Irrtümer aufgelistet und verdammt. Hans Küng schreibt dazu: »Von Pius X. wurden zu Beginn des Jahrhunderts unter der von der Kurie kreierten diffamierenden Etikette des ›Modernismus‹ alle Reformtheologen (besonders Historiker und Exegeten) in Frankreich, Deutschland, England, Nordamerika und Italien verurteilt. Sie wurden mit Sanktionen verschiedener Art (Index, Exkommunikation, Absetzung) bestraft. Ein neuer Syllabus, eine antimoderne Enzyklika (1907) und ein dem gesamten Klerus aufoktroyierter ›Antimodernisteneid‹ (1910) sollte die ›Modernisten‹ in der katholischen Kirche definitiv ausrotten« (Küng 07, 593).

6.7.2 Der Glaubenseid auf das papstzentrierte Lehrsystem

Der Antimodernisteneid, mit dem jeder Kleriker und jeder Lehrende persönlich auf das Lehrsystem der römisch-katholischen Kirche verpflichtet wurde, sollte die letzte noch offene

Stelle des römischen Systems schließen. Er lautete: »Ich umfasse fest und nehme samt und sonders an, was vom irrtumslosen Lehramt der Kirche definiert, behauptet und erklärt wurde, vor allem diejenigen Lehrkapitel, die den Irrtümern der Zeit unmittelbar widerstreiten.« (D 3537). Die gemeinten Irrtümer wurden vollständig aufgezählt. Der Antimodernisteneid von 1910 wurde nach dem Vatikanum II nicht abgeschafft, sondern 1989 sogar verschäft und zum »Glaubenseid« umgestaltet, den alle kirchlichen Amtsträger und alle in der Kirche Lehrenden abzulegen haben. Die entscheidenden Passagen lauten jetzt so: »Mit festem Glauben bekenne ich auch alles, was von der Kirche ... als göttlich geoffenbart zu glauben vorgelegt wird ... insbesondere hange ich mit religiösem Willens- und Verstandesgehorsam jenen Lehrstücken an, welche entweder der Papst oder das Bischofskollegium bekanntgeben, wenn sie das authentische Lehramt ausüben, selbst wenn sie diese nicht definitiv als verpflichtend zu verkündigen beabsichtigen« (deutsch in MD 89, 80). Dieser Text wurde von der vatikanischen Glaubenskongregation formuliert, deren Präfekt J. Ratzinger war. G. Hasenhüttl, als Professor der katholischen Theologie davon selbst betroffen, stellt dazu fest, dass mit der Unfehlbarkeitslehre der Papst zum Kriterium der Wahrheit gemacht worden ist, die in seiner Person institutionell verfügbar ist und autoritär verordnet werden kann (Hasenhüttl 2, 343). Mit der Verpflichtung auf das unfehlbare kirchliche Lehramt sind alle Lehrenden zu »Vollzugsbeamten des Papstes« (Hasenhüttl 2, 288) gemacht worden. Die Liste derer, die sich diesem verordneten Glaubensverständnis widersetzten und dafür ihre Lehrbefugnis verloren haben oder exkommuniziert worden sind, ist lang. Daran wird zweierlei deutlich: Rom ist entschlossen, die Prinzipien seines Systems durchzusetzen, aber viele katholische Theologen haben den Mut behalten, gegen das päpstliche Wahrheitsmonopol weiterhin theologisch zu argumentieren.

6.7.3 Zweites Vatikanisches Konzil – Hoffnung und Enttäuschung

In der Eröffnungsansprache zum Zweiten Vatikanischem Konzil (1962–1965) sagte Johannes XXIII.: »Wir wollen uns mit Eifer und ohne Furcht der Aufgabe widmen, die unsere Zeit erfordert.« In der Aufbruchstimmung, die in der römisch-katholischen Kirche damals herrschte, erblühten hohe Erwartungen an das Konzil. In der Frage des Papsttums hofften viele auf eine »Selbstbegrenzung oder Selbstbeschränkung« des päpstlichen Amts. Dazu kam es freilich weder im Konzil noch danach. Dazu Denzler (116): »Im Vatikan herrschen heute noch ein päpstlicher Absolutismus und ein bürokratischer Zentralismus.« Er – als katholischer Theologe selbst darunter leidend – beklagt: »Wie der Antimodernismus unter Pius X. unterhält der Vatikan heute ein von diözesanen Behörden unterstütztes Kontrollsystem, das vor allem die Lehr- und Schreibtätigkeit der Dozenten der Theologie sorgfältig überwacht und in manchen Fällen sogar mit Strafen ahndet« (Denzler 117). Der Kirchenhistoriker stellt bei dem nachkonziliaren Papst Johannes Paul II. sogar ein »extremes Verständnis der Unfehlbarkeit des päpstlichen Lehramtes fest« und resümiert: »So erleben wir heute einen erschreckenden Rückfall in die Epoche der Gegenreformation vor 400 Jahren« (Denzler, 117). Es gibt bisher keine Anzeichen dafür, dass sich unter Papst Benedikt XVI. etwas geändert hätte. Das ist auch für die absehbare Zukunft kaum zu erwarten, da in der Neufassung des *Codex Iuris Canonici* von 1983 ein »konsequent römisch-zentralistisches Kirchenrecht« (TRE 25, 670) dekretiert und damit erneut festgeschrieben wurde. Der Kodex des kanonischen Rechts übernimmt nahezu wörtlich den Konzilsbeschluss: »Der Bischof der Kirche von Rom ... verfügt kraft seines Amtes in der Kirche über höchste, volle, unmittelbare und universale ordentliche Macht, die er immer frei ausüben kann« (CIC 331).

Zwar wird die Gemeinsamkeit mit den Bischöfen betont, das ändert aber nichts an der herausgehobenen Stellung und an der Vollmacht des Papstes, die er eben auch allein ausüben kann.

6.8   Das protestantische Amtsverständnis

6.8.1 Die Quelle des reformatorischen Protests
Das reformatorische Verständnis der kirchlichen Ämter gründet in der Erkenntnis, dass auch in der Frage der Ämter nicht auf die Autorität eines kirchlichen Lehramts, sondern auf die Heilige Schrift zu hören ist. Keiner der Reformatoren hat in Frage gestellt, dass öffentliche Funktionen in geordneter Weise wahrgenommen werden müssen. Aus ihrem Schriftverständnis (siehe 4.5) ergab sich allerdings ein vom römischen Denken stark abweichendes Verständnis von Kirche, von deren Auftrag und von den kirchlichen Ämtern. Das Profil des neuen Verständnisses vom kirchlichen Amt wurde in Anknüpfung an das bisherige Amtsverständnis der westlichen Kirche, im Vergleich und im Gegensatz dazu artikuliert. Dabei ging es nicht darum, wogegen, sondern wofür Protest zu erheben war. Die Methode, das reformatorische Amtsverständnis der römisch-katholischen Ämterlehre gegenüberzustellen, ist für die Klärung der Profile auch heute noch hilfreich. Auf die historischen Details muss dabei nicht eingegangen werden.

6.8.2 Die Basis des reformatorischen Amtsverständnisses
Das reformatorische Amtsverständnis gründet in der biblischen Vorstellung vom »allgemeinen Priestertum der Gläubigen«. Dieses Bild stammt aus der Gottesoffenbarung am Sinai: »Ihr aber sollt mir ein Königreich von Priestern sein und ein heiliges Volk« (Ex 19,6). Das wurde in 1Petr 2,9 für die christliche Gemeinde übernommen: »Ihr aber seid ein aus-

erwähltes Geschlecht, eine königliche Priesterschaft, ein heiliges Volk ...« Mit »heilig« ist hier nicht ein außerordentlicher Zustand gemeint, sondern die christliche Gemeinde, die sich von Gottes Geist erfüllen und leiten lässt. Das Ziel wird sogleich genannt: »Ihr seid ... das Volk, das er sich zu eigen machte, *damit ihr verkündet die Wohltaten dessen, der euch aus der Finsternis in sein wunderbares Licht gerufen hat*« (1Petr 2,9). Die christliche Gemeinde ist mit dem Auftrag in die Welt gesandt, das »Licht der Welt« zu verkündigen, und zwar mit dem eigenen Leben und Tun und mit dem gesprochenen Wort. Das ist ihr priesterlicher Dienst an der Welt.

Mit »Priestertum« verbindet das Neue Testament nirgendwo kultische Handlungen. Für die Funktionen in der Gemeinde haben die frühchristlichen Gemeinden keine Bezeichnungen übernommen, die in der religiösen Umwelt für Kultpriester verwendet wurden. Das Wort vom »allgemeinen Priestertum« ist heute insofern leicht missverstehbar, als seit der römisch-katholischen Ämterlehre die Bezeichnung »Priester« für den Amtsträger steht, der durch seine Weihe zu Kulthandlungen bevollmächtigt worden ist. Die protestantischen Kirchen haben für ihre Amtsträger die Bezeichnung »Priester« vermieden. Mit dem »allgemeinen Priestertum der Gläubigen« wird nach protestantischem Sprachgebrauch der Verkündigungsauftrag hervorgehoben, der allen Getauften erteilt worden ist.

Wenn die Gemeinde insgesamt den Auftrag hat, die Christusbotschaft in ihrer Welt zu verkünden, so sind alle ihre einzelnen Mitglieder dazu ermächtigt, sämtliche nötigen Funktionen wahrzunehmen, die diesem Verkündigungsauftrag dienen. Mit der Taufe haben alle die Vollmacht erhalten, zu verkündigen, zu taufen und mit anderen das Abendmahl zu feiern.

6.8.3 Ein geordnetes Amt ist unverzichtbar

Glaube und Christsein sind wohl sehr persönliche Wirklichkeiten, aber deshalb keine Privatangelegenheiten. Glaube und

Christsein bleiben sowohl in ihrem Ursprung wie in ihren gelebten Formen stets eingebunden in die Gemeinschaft der Glaubenden. Der öffentliche Zeugnisauftrag der Gemeinde erfordert es, diese öffentlichen Funktionen durch die Gemeinden zu ordnen. Für ihr öffentliches Zeugnis trägt allemal die Gemeinde in ihrer Gesamtheit die Verantwortung. So heißt es bereits im Augsburger Bekenntnis von 1530, »dass niemand in der Kirche öffentlich lehren oder predigen oder Sakramente reichen soll, ohne ordentliche Berufung« (CA 14), nämlich durch die Gemeinde. Das Zweite Helvetische Bekenntnis von 1562 drückt das so aus: »Die Apostel Christi nennen zwar Priester alle, die an Christus glauben, freilich nicht, weil sie ein Amt verwalten, sondern weil durch Christus alle Gläubigen zu Königen und Priestern gemacht sind.«

Das allgemeine Priestertum und das kirchliche Amt sind also voneinander zu unterscheiden. »Jenes nämlich ist allen Christen eigen ..., dieses aber nicht. Wir haben aber das kirchliche Amt nicht aufgehoben, wenn wir das päpstliche Priestertum aus der Kirche Christi verbannt haben« (CHP 18,10). Die Inhalte und Funktionen, die in das öffentliche kirchliche Amt eingehen können, sind nicht Privileg der Ordinierten. Sie sind in der Vollmacht jedes Christen bereits vorgegeben.

6.8.4 Die Leuenberger Konkordie

Die Leuenberger Konkordie (LK) ist eine theologische Erklärung, mit der die innerprotestantischen Kirchenspaltungen überwunden wurden, die seit dem 16. Jahrhundert entstanden waren. Das Dokument, das in seiner offiziellen Langfassung »Konkordie reformatorischer Kirchen in Europa« heißt, ist nach 10-jähriger Vorarbeit 1973 auf dem Leuenberg bei Basel beschlossen und inzwischen von mehr als hundert protestantischen Kirchen unterzeichnet worden, sogar auch von einigen Kirchen Südamerikas. Die Leuenberger Konkordie ist kein neues Bekenntnis, sondern die seit der Reformation erste

»gemeinsame Selbstbesinnung der reformatorischen Kirchen in Europa über die Kirchen und ihren Auftrag« (WG 20). Lutherische, reformierte und unierte Kirchen erklären darin ihre »im Zentralen gewonnene Übereinstimmung« (LK 37) und ihre Kirchengemeinschaft. Die Unterschiede im Bekenntnis und in der Gestaltung des gemeindlichen Lebens werden nicht aufgehoben, aber sie haben keine kirchentrennende Bedeutung mehr. Die Kirchen »gewähren einander Kanzel- und Abendmahlsgemeinschaft. Das schließt die gegenseitige Anerkennung der Ordination und der Ermöglichung der Interzelebration ein« (LK 33). In nachfolgenden Vollversammlungen soll die gemeinsame Basis weiter reflektiert und an der Schrift geprüft werden.

Die in der Leuenberger Konkordie festgestellte Kirchengemeinschaft wurde möglich, »weil wir gelernt haben, das grundlegende Zeugnis reformatorischer Bekenntnisse von ihren geschichtlich bedingten Denkformen zu unterscheiden« (LK 5), und »weil die reformatorische Theologie zwischen dem Grund, der Gestalt und der Bestimmung der Kirche unterscheidet« (WG 22). Legt man diese historisch notwendigen Unterscheidungen zugrunde, so artikuliert die Leuenberger Konkordie weitgehend auch das Amtsverständnis der außereuropäischen reformatorischen Kirchen, die sich dieser Leuenberger Kirchengemeinschaft bisher noch nicht offiziell angeschlossen haben, dies aber inhaltlich tun könnten.

6.8.5 Das Amt erwächst aus dem Auftrag der Kirche

Gemeinde und Kirche leben durch das Wort Gottes und aus diesem Wort. Wenn es zum Wesen der christlichen Gemeinde gehört, in Gottes Wort gegründet zu sein und den Auftrag zu haben, dieses Wort sichtbar und hörbar zu verkündigen, so liegt es in der Verantwortung der Gemeinden, die dafür notwendigen Dienste und Ämter so zu gestalten, dass sie diesem Auftrag unter den jeweiligen Bedingungen so gut wie nur möglich gerecht werden können. Das versuchten bereits die ersten Gemeinden, und zwar auch ohne feste Ämter. An diesem Auftrag hat sich bis heute nichts geändert. Daraus ergibt sich, dass wir in den Kirchen der Reformation eine Fülle unterschiedlicher Ämter und Ämterstrukturen antreffen. Um ihres Auftrags willen müssen die Ämter der Kirche variabel bleiben, damit die Gemeinden oder Regionen auf die wechselnden Herausforderungen ihrer Zeit schnell und angemessen reagieren können.

6.8.6 Die Ordination für ein öffentliches Amt

Die öffentliche Verkündigung kann nicht dem Zufall, nicht der Beliebigkeit und nicht der Willkür Einzelner überlassen bleiben. Es ist Sache der Gemeinden, für den öffentlichen Verkündigungsauftrag geeignete Menschen zu finden. Einigkeit besteht darin, dass es nötig ist, für das öffentliche Amt der Verkündigung von der Gemeinde berufen und beauftragt zu werden. Den Gemeinden fällt die Aufgabe zu, darauf zu achten, dass die Kandidaten für das öffentliche Amt die erforderlichen Kompetenzen und Fähigkeiten mitbringen, nämlich nachgewiesen zureichende, allgemeine und theologische Bildung, verbunden mit menschlichen, sozialen, kommunikativen Fähigkeiten. Das Niveau und die Schwerpunkte dieser Kompetenzen müssen von den Gemeinden im Verhältnis zur Situation und zu den Aufgaben des jeweiligen Amts festgelegt werden.

Die protestantische Ordination für ein öffentliches Amt ist keine Weihe, durch die dem, der ordiniert werden soll (Ordinand) eine zusätzliche geistige Vollmacht verliehen wird, die über die Vollmachten hinausgeht, die ihm durch die Taufe bereits gegeben sind. Am Ordinanden wird auch keine Wesensverwandlung vollzogen, die ihn im Sinne eines *character indelebilis* über den Stand eines Nichtordinierten hinaushebt. Die protestantischen Kirchen kennen keine Zweiteilung der Gemeinde in Ordinierte und Laien. Der Amtsträger unterscheidet sich vom Nichtordinierten lediglich durch seine Berufung in einen öffentlichen Dienst. Der durch die Ordination ausgesprochene Auftrag zur öffentlichen Verkündigung gilt grundsätzlich auf Lebenszeit, kann aber zurückgegeben und wieder entzogen werden. Die Berufung in ein bestimmtes Amt ist in der Regel zeitlich begrenzt. Es gibt weder eine Hierarchie der Ämter noch eine abgestufte Ordination, wohl aber unterschiedliche Funktionen und Dienste, für die ordinierte Personen berufen werden können.

Die Ordination hat neben ihrem geistigen auch noch einen rechtlichen Charakter, der mit dem jeweiligen staatlichen Rechtssystem verknüpft sein kann (z. B. Schutz des Beichtgeheimnisses, Beurkundungsvollmacht, Befreiung vom Kriegsdienst u. a. m.).

Der Ordinand verpflichtet sich in der Ordination, seinen Dienst in Treue gegenüber dem Auftrag der Gemeinde zum öffentlichen Christuszeugnis in der ihm vorgegebenen Situation auszuüben. Er verpflichtet sich, seine Verkündigung an der Heiligen Schrift, an den altkirchlichen Bekenntnissen und an den Bekenntnissen seiner Kirche auszurichten, das Gespräch mit den zeitgenössischen Christen zu suchen, sich theologisch weiterzubilden und sich persönlich glaubwürdig zu verhalten.

Die konfessionellen Bekenntnisschriften, an denen der Ordinierte sich selbst und seine Verkündigung ausrichten soll, sind keine unabänderlichen Dogmen, an die zu glauben ist. In den Bekenntnisschriften bringt eine bestimmte Kirchengemeinschaft je ihre Antwort auf Gottes Wort und ihr Verständnis dieses Worts angesichts der Herausforderungen ihrer Zeit in der Sprache und in den Denkformen ihrer Zeit zum Ausdruck. Bekenntnisschriften sind für den Ordinierten bleibende Dialogpartner im Bemühen, Gottes Wort recht zu verstehen. Sie sind aber nicht die Norm für das Schriftverständnis. Ihre Texte sind keine nicht befragbaren und zeitlosen Wahrheiten, sondern menschliche Zeugnisse innerhalb der geistigen Bedingungen ihrer Zeit und stets an der Schrift zu messen. Die historisch-kritische Theologie des Protestantismus hat bewusst gemacht, dass zwischen dem zentralen Gehalt einer Bekenntnisaussage und ihrer geschichtlich bedingten Ausdrucksform unterschieden werden muss.

Für die Form der Ordination gibt es keine vorgegebene Norm. Die Handauflegung ist ein übliches Element. Sie ist als »angemessene liturgische Geste« der Segnung und Sendung zu verstehen und sie symbolisiert auch die inhaltliche Kontinuität der Verkündigung. Die Ordinationshandlung als Berufung erfolgt durch eine oder mehrere dazu bevollmächtigte Vertreter der Gemeinde, meist in der Gemeinschaft von Ordinierten und Presbytern. Im Unterschied zur römisch-katholischen und orthodoxen Praxis bedarf es zur Ordination keines mit Weihegewalt ausgestatteten Bischofs. Sie ist auch kein Sakrament. Nach protestantischem Verständnis sind die ordinierten Amtsträger (im Unterschied zur römisch-katholischen Kirche) auch keine Heilsmittler. Die Heilsmittel sind Wort und Sakrament (Taufe und Abendmahl), in deren Dienst der Amtsträger steht.

Bei der Ordination werden dem Ordinanden keinerlei Amtsinsignien überreicht. Manche protestantischen Pfarrer legen heute im Gottesdienst eine Stola an. Die Stola ist das Symbol einer besonderen geistlichen Macht (*sacra potestas*). Sie unterscheidet in der römisch-katholischen Kirche den geweihten Kleriker vom nicht geweihten Laien und gehört deshalb nicht zur Amtskleidung eines protestantischen Amtsträgers. Die Kirchen sind in der Gestaltung der Amtstracht frei. Allgemein durchgesetzt hat sich der schwarze Talar, der sich aus der Tracht der Gelehrten und einem bürgerlichen Kleidungsstück entwickelt hat. Daneben gibt es auch den weißen Chorrock. Eine theologische Bedeutung wird diesen Gewändern nicht beigemessen. Die Tendenz einiger lutherischer Bischöfe, sich bei öffentlichen Auftritten hinsichtlich der Kleidung römisch-katholischen Bischöfen anzunähern, verwischt den theologischen Unterschied zwischen römisch-katholischem und protestantischem Amtsverständnis.

6.8.7 Das protestantische Bischofsamt

Das protestantische Bischofsamt hat mit dem römisch-katholischen Bischofsamt theologisch betrachtet kaum mehr als die Bezeichnung gemein. Die römisch-katholische Kirche versteht ihr Bischofsamt als die Vollgestalt des kirchlichen Amts. Priester und Diakone haben an der Vollgestalt des Bischofsamts nur in abgestufter Weise Anteil. Nach protestantischem Verständnis gibt es hingegen keine Ämterhierarchie, in der der Bischof den höchsten Rang einnimmt. Es gibt nur das eine kirchliche Amt der öffentlichen Verkündigung, das in verschiedenen Funktionen wahrgenommen werden kann. Während der römisch-katholische Bischof seine Vollmacht durch die Weihe erhält, hat der protestantische Bischof seine Vollmacht zur Verkündigung bereits mit der Taufe erhalten. Durch die Ordination in das eine kirchliche Amt hat er von der Gemeinde das Recht zur öffentlichen Verkündigung erhalten. Und als Ordinierter ist er von der Synode mit der Wahrnehmung eines Leitungsamtes beauftragt worden, das in seinen Aufgaben recht unterschiedlich definiert sein kann. Das römisch-katholische Bischofsamt sieht sich durch göttliches Recht begründet. Das protestantische Bischofsamt verkörpert eine von den vielen möglichen Funktionen des einen kirchlichen Amtes, die von den Gemeinden als menschliches Recht gesetzt worden sind. Deshalb wird der Bischof auch von der Synode als der Vertreter/-innen der Gemeinde gewählt, und zwar mit befristeter oder unbefristeter Amtszeit. In der römisch-katholischen Kirche gehört das Bischofsamt zum Wesen der Kirche. Nach protestantischem Verständnis gehören Funktionen der Aufsicht, der Koordination und Leitung zu jener

Ordnung, die sich Gemeinden und Synoden selbst gegeben haben, um ihre öffentlichen Aufgaben erfüllen zu können.

Da die Leitungsfunktionen in den protestantischen Kirchen in unterschiedlicher Weise definiert und geordnet sein können, haben längst nicht alle protestantischen Kirchen ein Bischofsamt. Reformierte und viele unierte Kirchen nennen ihre Repräsentanten auch Superintendenten, Präsides oder Kirchenpräsidenten. Der Zuschnitt und die Befugnis dieser Leitungsfunktionen können je nach geschichtlichen Erfahrungen und regionalen Erfordernissen und Traditionen stark variieren.

Aus dem im Kern übereinstimmendem Verständnis des nur einen kirchlichen Amts und den Folgerungen für das Bischofsamt ergibt sich für Protestanten die einstimmige Ablehnung eines übergeordneten Papstamts, das sich kraft göttlichen Rechts Weisungskompetenz über die Gemeinden und das Wahrheitsmonopol zuschreibt. Das Zweite Helvetische Bekenntnis (1566) stellt dazu fest, »dass Christus der Herr ist und der einzige Oberhirte der Welt bleibt. ... Daher bedarf es keines Statthalters, den nur ein Abwesender nötig hat. Christus aber ist in der Kirche gegenwärtig und ihr lebendig machendes Haupt.« Die katholischen Bibelwissenschaftler stimmen mit ihren protestantischen Kollegen heute darin überein, dass das Papsttum in seiner heutigen römisch-katholischen Gestalt weder in das Neue Testament zurückprojiziert noch daraus hergeleitet werden kann.

6.8.8 Die Frauenordination

Da es in den ersten Christengenerationen noch kein kirchliches Amt gab, ist im Neuen Testament weder von Ordination noch von Frauenordination die Rede. Fest steht allerdings, dass Frauen in der Anhängerschaft Jesu und in den ersten Gemeinden eine große Rolle gespielt haben, so z. B. Maria und Marta und die Frauen am Grab Jesu. Paulus erwähnt in 1Kor 1,11 die Chloe, in Röm 16,1 »Phoebe, die Diakonin der Gemeinde von Kenchreä«, die sich für viele und auch für Paulus eingesetzt hat. In Apg 16,14f + 16,40 ist von der Purpurhändlerin Lydia in Philippi die Rede, die ein offenes und gastfreundliches Haus für Christen hatte. Lk 8,1–4 heißt es, dass die Zwölf mit Jesus unterwegs waren, und »auch einige Frauen« und neben Maria von Magdala und Susanna »viele andere, die ihn unterstützten mit dem, was sie besaßen«. Offizielle Ämter konnten Frauen in neutestamentlicher Zeit aufgrund der damaligen sozialen und kulturellen Gepflogenheiten wohl nicht bekleiden. Paulus sagt in Gal 3,28 zwar sehr nachdrücklich, dass die Unterschiede der Herkunft, des sozialen Standes und des Geschlechts in der christlichen Gemeinde ihre trennende Kraft verloren habe. Freilich gilt auch für ihn: »In den Gemeindeversammlungen sollen die Frauen schweigen« (1Kor 14,34). Für die Reformatoren blieb nach dem Ordnungsdenken des Mittelalters die Ordination von Frauen ausgeschlossen. Es ist in hohem Maße erst der Frauenbewegung zu verdanken, dass seit den 20er Jahren des letzten Jahrhunderts ein theologisch reflektiertes Umdenken einsetzte. Seit den 50er Jahren suchen die Synoden nach theologischen und rechtlichen Lösungen für die Frauenordination, die heute in vielen protestantischen Kirchen Europas zur Normalität gehört. Die Frauenordination ist ein Beispiel für die geforderte Selbstkritik und die Revisionsfähigkeit protestantischer Gemeinden und Kirchen. Von römisch-katholischer und orthodoxer Seite wird immer wieder warnend darauf hingewiesen, dass die in den protestantischen Kirchen geübte Frauenordination die ökumenischen Bemühungen nachhaltig belasteten.

7   Die Grundstrukturen der Kirchen

Im vorliegenden Kapitel soll versucht werden, die Grundstrukturen der verschiedenen Kirchenmodelle und deren in-
nere Logik herauszuarbeiten. Bildlich gesprochen geht es darum, das tragende Grundgerüst des jeweiligen Kirchengebäu-
des zu erfassen, nicht aber darum, die Inneneinrichtung des
bewohnten Gebäudes zu beschreiben. Das ist nicht die gewohnte Sicht derer, die das jeweilige Haus bewohnen. Es ist
der Blick auf das statische Gefüge des Hauses. Es gibt die
Rahmenbedingungen vor, innerhalb derer ein Gebäude ausgebaut und dann bewohnt wird.

7.1   Das ostkirchliche orthodoxe Modell

7.1.1 Frühe Entwicklungen
Nach einem charismatisch bestimmten und noch wenig organisierten Gemeindeleben der Frühzeit sind seit der dritten Generation die wesentlichen Funktionen und Dienste des Ge-
meindelebens zu Ämtern verdichtet und einzelnen Personen
übertragen worden. Im Amt des Bischofs wurden schrittweise
die Funktionen der Leitung, der Aufsicht und der Repräsen-
tation gebündelt.

Zeitgleich dazu sind die Liebesmahle der Gemeinde, die in
unterschiedlicher Weise als Sättigungsmahle gefeiert wurden,
zu einer reglementierten kultischen Handlung umgestaltet
worden, die nur von einer dazu autorisierten priesterlichen
Amtsperson vollzogen werden konnte. Die Eucharistie rückte
als Kulthandlung zunehmend in den Mittelpunkt des gottesdienstlichen Geschehens und des geistigen Lebens und stärkte
so die Rolle des Priesters (vgl. Fischer 09, 43ff).

7.1.2 Eucharistie, Kirche und Bischof

In der Eucharistie erfährt die Kirche ihre irdische Einheit mit Christus. Die Gemeinschaft der Glaubenden wird durch die Eucharistie zur Kirche, zum Leib Christi. In der eucharistischen Handlung vergegenwärtigt die Versammlung die eine Kirche, die sich überall dort ereignet, wo Christen die Eucharistie miteinander feiern. In jeder örtlichen eucharistischen Gemeinschaft werden die Ganzheit des Leibes Christi und die eine Kirche offenbar. Eine Kirche, die der Gestaltwerdung von Kirche in den orthodoxen Gemeinden zeitlich vorgeordnet oder ideell übergeordnet wäre, gibt es nicht.

Die Eucharistie als das konstitutive Geschehen von Kirche ist aber nur dort möglich, wo sie von einem geweihten Bischof vollzogen wird, der in der apostolischen Sukzession steht (siehe 6.3). Der Bischof wird damit zur Schlüsselfigur für das Werden und Sein von Kirche. Er kann zwar durch eine Weihehandlung seine Vollmacht zum eucharistischen Handeln an Priester delegieren, bleibt aber auch in der Gestalt seiner Stellvertreter unentbehrlich. Schon Cyprian, Bischof von Karthago († 258), hatte erklärt, dass es ohne Bischofsamt und ohne einen konkreten Ortsbischof keine Kirche gebe.

7.1.3 Gleichrangigkeit der Bischöfe

In der Orthodoxie gelten alle geweihten Bischöfe und ihre lokalen Kirchen als gleichrangig. Entscheidungen in Fragen des Glaubens können also nur von der Gemeinschaft der Bischöfe entschieden werden, die selbst wieder im Einklang mit ihren lokalen Kirchen stehen müssen. Nur in dieser Gemeinschaft aller Bischöfe und ihrer Gemeinden ist der Geist Gottes gegenwärtig, der zu gültigen Entscheidungen anleitet. Das sehen die orthodoxen Kirchen bis zum 7. ökumenischen Konzil in Nicäa als gegeben. In der bis dahin entstandenen Tradition der Kirche gilt das Kirchenverständnis als abgeschlossen. Ein allgemein gültiges Dogma von Kirche hat die Orthodoxie nicht entwickelt.

7.1.4 Kirche und Wahrheit

Von ihrem Verständnis der Gleichrangigkeit aller Bischöfe und Gemeinden her verwahrt sich die Orthodoxie gegen jeden Vorranganspruch einer einzelnen Gemeinde oder eines einzelnen Bischofs in Fragen des Rechts oder der theologischen Einsicht. Christliche Wahrheit kann nur durch eine vom Geist geleitete Einsicht der ganzen Kirche zustandekommen. Ein Bischof, der gegenüber den anderen Sonderrechte oder gar Unfehlbarkeit beanspruchte, schlösse sich selbst aus der kirchlichen Gemeinschaft aus. Die Wahrheit des christlichen Glaubens ist nicht in Lehren festzuhalten, sondern nur erfahrbar, indem man sich in die Heilswirklichkeit des eucharistischen Geschehens hineingibt. Die Kirche hat keine in Worte fassbare Wahrheit, sondern sie vergegenwärtigt die göttliche Wahrheit und bildet sie in ihren gottesdienstlichen Versammlungen ab. Die Bischöfe in ihrer Gesamtheit gewährleisten die christliche Wahrheit.

7.1.5 Kirche und Heil

Die Orthodoxie kennt Kirche nicht als vorgegebenes handlungsfähiges Abstraktum, sondern nur in der Gestalt konkreter Gemeinden. Sie kann sich zwar Cyprians Wort zu eigen machen, »Außerhalb der Kirche gibt es kein Heil«, aber dieses Heil kommt nicht von der *Kirche*. Wir begegnen dem Heil dort, wo in der Eucharistie aus der Gemeinschaft der Gläubigen Kirche wird. So hängt das Heil des Menschen am Mitvollzug der Eucharistie und damit von der Vollmacht des Bischofs ab, die Eucharistie zu vollziehen.

7.2 Das westkirchliche römisch-katholische Modell

7.2.1 Der geweihte Bischof als Basis der Kirche

Im Westen wurde der Schritt von den Charismen zum geweihten Amtspriestertum ebenfalls vollzogen, und auch hier wurde die Eucharistie zum Mittelpunkt des gottesdienstlichen Geschehens. Auf dem Boden altrömischer Denktradition, die Religion in rechtlichen Kategorien erfasste, entwickelten sich sowohl das Verständnis des bischöflichen Amts wie auch der Eucharistie in eine andere Richtung als in der Ostkirche. In der Westkirche trat der geweihte Bischof noch deutlicher in den Mittelpunkt als in der Ostkirche.

7.2.2 Das Sakrament der Weihe

Eine weitere Weiche wurde durch die westlichen Theologen Tertullian († 225) und Cyprian († 258) gestellt, die Taufe und Abendmahl als Sakramente im Sinne von Zeichen und Symbolen verstanden. Augustinus († 430) sah im Sakrament bereits ein christliches Heilszeichen, in dem sich Gott selbst manifestiert. Gesprochen wurde von 5 bis 40 Sakramenten. Vollendet wurde die Sakramentenlehre durch Thomas von Aquin († 1274), der begründete, dass es gerade 7 sind, zu denen auch das Sakrament der Weihe gehört.

Das Weihesakrament wurde in drei Abstufungen entfaltet, nämlich als Weihe des Bischofs, des Priesters und des Diakons. Die höchste und wichtigste Stufe der Weihe ist die des Bischofs, weil im Bischofsamt »die Fülle des apostolischen Amtes« liegt, aus dem alle anderen Weihen hervorgehen.

Die Insignien, die dem Bischof bei seiner Weihe zugeordnet werden, bringen die Vollmachten zum Ausdruck, die er mit der Weihe erhält. Der Hirtenstab ist eines der ältesten Insignien der Macht und drückt die Jurisdiktionsgewalt des Bischofs in seiner Diözese aus. Die Kathedra, zu der der Geweihte begleitet wird, symbolisiert wie der Amtssitz des Richters und des Lehrers die Lehrautorität. Bischöfliche Entscheidungen *ex cathedra* gelten als Entscheidungen kraft dieser Lehrautorität. Die Ex-cathedra-Entscheidungen des Papstes sind sogar unfehlbar.

Seine Entscheidungsvollmacht in Fragen des Rechts und der kirchlichen Lehre erhält der Bischof durch das Sakrament der Weihe, das nicht nur als hinweisendes Symbol, sondern gegenständlich verstanden wird (siehe 6.4). Die Sakramente wirken nach römisch-katholischem Verständnis unabhängig von der Verfassung des Sprechers und des Empfängers »aufgrund der vollzogenen Handlung« (*ex opere operato*). Sie »*bewirken* die Gnaden, die jedem Sakrament zu eigen sind« (KKK 1131). Wer die Vollmacht erhält, in Fragen des Rechts und des Glaubens verbindliche Entscheidungen zu treffen, der scheint mit der Weihe wie durch eine Art Energieübertragung die Kompetenz für diese Entscheidungen erhalten zu haben. Hier melden katholische Theologen ihre Fragen an.

Die Umwandlung des Sakraments aus einem Zeichen in eine eigenständige Realität, die wie ein aus sich selbst wirkender Gegenstand weitergegeben werden kann, erweist sich als eine wichtige und folgenreiche Weichenstellung. Auf dem Hintergrund des Gedankens, dass Christus selbst in jeder Gegenwart über die Apostel durch die Bischöfe handelt, können fortan alle Entscheidungen der Bischöfe als in Christus gegründet betrachtet werden. Damit gelten alle Entscheidungen, die von Bischöfen und vom Bischofskollegium getroffen werden, als durch Christus legitimiert und menschlicher Kritik entzogen. Über die Zirkelschlüsse, die von dieser Basis aufgebaut werden können, wird im Einzelnen noch zu sprechen sein.

7.2.3 Das Bischofsamt als Garant und Quelle der Wahrheit

Mit allen christlichen Konfessionen stimmt die römisch-katholische Kirche darin überein, dass die Heilige Schrift die wichtigste Quelle der christlichen Wahrheit ist. Wie die Orthodoxie sieht sie auch in den Texten der Kirchenväter und in den Entscheidungen der ersten sieben ökumenischen Konzilien die apostolische Wahrheit authentisch formuliert.

Wie aber werden in der römisch-katholischen Kirche jene Glaubenswahrheiten begründet, die über das bis 787 Erkannte hinausgehen? Der Schlüssel dafür liegt wiederum im Bischofsamt, das Garant ist für diese spezifisch römisch-katholischen Glaubenswahrheiten. Denn wenn Christus über die Apostel aktuell in den Bischöfe gegenwärtig ist und mit der Hilfe des Heiligen Geistes durch sie handelt, so sind deren Entscheidungen die gegenwärtige Stimme Christi (siehe 6.2). Wurde die Grundlage für die Wahrheitsfindung im frühen Mittelalter durch die Tradition der Kirchenväter gewährleistet, so wurde dieser Zweiklang in der römisch-katholischen Kirche nun durch die Autorität des bischöflichen Lehramtes zum Dreiklang erweitert. Dabei dominiert das bischöfliche Lehramt als das zeitlich späteste und gegenwärtige Element, weil es die beiden anderen, die ihm vorausgehen, interpretieren kann.

In seiner Dogmatischen Konstitution über die Kirche *Lumen gentium* erklärte das Vatikanum II 1964: »In den Bischöfen ... ist also inmitten der Gläubigen der Herr Jesus Christus ... anwesend«, und sagte weiter: »dass die Bischöfe in hervorragender und sichtbarer Weise die Aufgabe Christi selbst, des Lehrers, Hirten und Priesters innehaben und in seiner Person handeln« (LG 21). Durch diese Identifikation des Bischofsamtes mit Christus wird es den Bischöfen möglich, christliche Glaubenswahrheit zu setzen. Dieser Zirkel bewährt sich insofern, als die Bischöfe nun kraft ihrer eigenen Lehrvollmacht an Christi statt beschließen können, dass sie durch die Bischofsweihe diese Lehrvollmacht besitzen. Zugleich war es damit möglich, aus dem in der Weihesukzession stehenden Bischofsamt die Authentizität und Exklusivität der rechten christlichen Lehre herzuleiten und allen nichtbischöflichen theologischen Bemühungen den Stempel des Defizitären aufzudrücken.

Die Entscheidungen der Bischöfe in Fragen des Glaubens und der Leitung sind für alle Christgläubigen verbindlich. »Die Laien sollen wie alle Gläubigen das, was die geweihten Hirten in Stellvertretung Christi als Lehrer und Leiter in der Kirche festsetzen, in christlichem Gehorsam bereitwillig aufnehmen, nach dem Beispiel Christi, der durch seinen Gehorsam bis zum Tode den seligen Weg der Freiheit der Kinder Gottes für alle Menschen eröffnet hat« (LG 37). Mehr noch: »Die Gläubigen müssen mit einem im Namen Christi vorgetragenen Spruch ihres Bischofs in Glaubens- und Sittensachen übereinkommen und ihm mit religiös gegründetem Gehorsam anhangen« (LG 25).

7.2.4 Die Kirche als göttliche Einrichtung

Obwohl dem Neuen Testament keine Hinweise Jesu auf Kirche und gar auf deren Struktur zu entnehmen sind, ist kraft der Lehrvollmacht der Bischöfe eine gottgegebene Gestalt der Kirche enthüllt worden. Der Katechismus der Katholischen Kirche sagt: »Um das Geheimnis der Kirche zu ergründen, müssen wir zunächst über ihren Ursprung im Ratschluss der heiligsten Dreifaltigkeit und ihrer fortwirkenden Verwirklichung in der Geschichte nachsinnen« (KKK 758). Gemeint ist jene Lehre von der Dreifaltigkeit, die 381 in Konstantinopel vom 2. ökumenischen Konzil der Bischöfe zum verbindlichen Dogma erhoben worden ist (vgl. Fischer 08). Dieses »Mysterium der heiligsten Dreifaltigkeit« wird als »das zentrale Geheimnis des christlichen Glaubens und Lebens«, als »Urgrund aller menschlichen Glaubensmysterien« und »in der Hierarchie der Glaubenswahrheiten als die grundlegendste und wesentlichste« (KKK 234) charakterisiert.

Über den Ursprung im Rat der Trinität wird gelehrt: »Die Kirche war schon seit dem Anfang der Welt vorausbedeu-

tet« (LG 2). »Die Welt wurde auf die Kirche hin erschaffen«
(KKK 760). »Die Kirche ist das Ziel aller Dinge« (KKK 760).
»Um den Willen des Vaters zu erfüllen, gründete Christus auf
Erden das Himmelreich. Die Kirche ist das im Mysterium
schon gegenwärtige Reich Christi« (KKK 763). Dies alles ist
im Laufe der Jahrhunderte den in apostolischer Sukzession
stehenden Bischöfen über das Neue Testament hinaus vom
Heiligen Geist offenbart worden.

»Christus hat seine heilige Kirche als sichtbares Gefüge
verfasst« (LG 8). »Der Herr gab seiner Gemeinschaft eine
Struktur, die bis zur Vollendung des Reiches bleiben wird.
(KKK 765) Das heißt, die Struktur der römisch-katholischen
Kirche ist von Gott vorgegeben. Sie steht nicht in der Verfü-
gungsgewalt von Menschen und darf deshalb von ihnen auch
nicht verändert werden. Die hierarchische um das Bischofsamt zentrierte Struktur gehört demnach zu dem von Gott
vorgegebenen Wesen der Kirche.

7.2.5 Die Kirche als Sakrament

Unbestritten bleibt in allen christlichen Kirchen, dass aus
dem christlichen Glauben der Auftrag erwächst, die Christusbotschaft in der Welt zu bezeugen, um allen Menschen ein
erfülltes Dasein aus dem Geist der Liebe zu eröffnen. Von
göttlichem Geist erfüllt sein, wie dieser in Jesus von Nazaret
offenbar geworden ist, und damit in der Gemeinschaft mit
Gott zu stehen, das wird bereits im Neuen Testament in dem
Wort »Heil« zusammengefasst. In diesem Sinne ist Jesus der
Mittler des Heils.

Dieses über Jesu Worte und Taten vermittelte Heil hat die
Kirche als alleinige Heilsvermittlerin schon früh an sich gezo-
gen. Bischof Cyprian († 258) erklärte: »Außerhalb der Kirche
gibt es kein Heil« (*Salus extra ecclesiam non est*). Das Vatikanum II hat in der Konstitution über die Kirche (in LG 16)
zwar angedeutet, dass es für Menschen, die Christus nicht

kennen, auch außerhalb der Kirche Gnade geben kann, aber die Hauptaussage bleibt, dass der Auferstandene die Kirche zum »allumfassenden Sakrament des Heils« (LG 48) gemacht hat. Die römisch-katholische Kirche hat sich damit zum Ur- und Hauptsakrament des göttlichen Heilshandelns erklärt und die Bedingungen festgesetzt, nach denen durch sie das Heil zu erringen ist.

Worauf das zielt, verdeutlicht die Konstitution über die heilige Liturgie *Sacrosanctum Concilium* (1963): »Aus der Seite des am Kreuz entschlafenen Christus ist das wunderbare Sakrament der ganzen Kirche hervorgegangen« (SC 5). Dieses sakramentale Kirchenverständnis weist darauf hin, dass die Eucharistie das Zentrum des heilsgeschichtlichen Geschehens ist. Der Katechismus der Katholischen Kirche zitiert dazu die entscheidenden Texte des Vatikanum II: »Die Eucharistie ist Quelle und Höhepunkt des ganzen christlichen Lebens ... die heiligste Eucharistie enthält das Heilsgut der Kirche in seiner ganzen Fülle« (KKK 1324).

Insgesamt gibt es in der römisch-katholischen Kirche heute sieben Sakramente (es waren einmal bis zu 30). Das sind neben der Eucharistie die Taufe und die Firmung, die Buße, die Krankensalbung, die Weihe und die Ehe. »Die Kirche sagt, dass die Sakramente des neuen Bundes für den Gläubigen heilsnotwendig sind« (KKK 1129). Was auch immer die Gläubigen im Zusammenhang mit den Sakramenten selbst tun müssen, die Sakramente können nur von einem geweihten Amtsträger gespendet werden. Das ist grundsätzlich der Bischof, denn er hat durch seine in der apostolischen Sukzessionskette stehenden Weihe seine »Heiligungsgewalt und Heiligungsvollmacht« (KKK 1087) erhalten. Damit fällt auch bei der Vermittlung des Heils an die Laien dem Bischof die alles entscheidende Schlüsselrolle zu.

7.2.6 Klerus – Laien, ein Gehorsamsverhältnis

Die dreigliedrige Ämterhierarchie in der Rangfolge Bischof – Priester – Diakon ist nach römisch-katholischem Verständnis von Gott eingesetzt (LG 28). Sie wurde bereits im frühen Mittelalter als ein Abbild der himmlischen Hierarchie verstanden, die man sich in drei Triaden gegliedert vorstellte. Das Bischofsamt, das »mit der Fülle des Weihesakraments ausgezeichnet« (LG 26) ist, vereinigt in sich alle Vollmacht und Würde. Die geweihten Priester gelten als Hilfen und Mitarbeiter der Bischöfe und handeln aus deren Vollmacht. Sie sollen »den Bischof wahrhaft als ihren Vater anerkennen und ihm ehrfürchtig gehorchen« (RS 29). Diakone, die auf der untersten Stufe der Hierarchie stehen, können vom Bischof ermächtigt werden, ihm selbst und dem Priester bei der Feier der Eucharistie zu helfen und bei anderen Sakramenten zu assistieren. »Ohne den Bischof, die Presbyter (= Priester) und die Diakone kann man nicht von Kirche sprechen« (KKK 1493).

Dieses hierarchische Weihepriestertum unterscheidet sich »dem Wesen und nicht bloß dem Grade nach« (LG 10) von den Laien, die seit dem Vatikanum II auch als »das gemeinsame Priestertum der Gläubigen« (LG 10) bezeichnet werden. Die Gläubigen »üben ihr Priestertum aus im Empfang der Sakramente«, d. h. passiv und in absoluter Abhängigkeit von Bischöfen und Priestern. Ein aktives Mitgestalten der Eucharistiefeier wird den Laien in der Instruktion zur heiligsten Liturgie *Redemtionis Sacramentum* von 2004 ausdrücklich untersagt. Selbst die Lesung des Evangeliums oder die Predigthomilie während der Feier der heiligen Messe wird ungeweihten Personen verboten (RS 64). Dies alles sei strikt zu beachten, damit »das Mysterium der Eucharistie weiterhin in seinem vollen Glanz erstrahle« (RS 8). Die Gemeinschaft der Christen ist – ebenfalls nach Gottes Willen – als eine Gemeinschaft zweier wesensverschiedener Stände eingerichtet. Nach Hasenhüttl (2, 323) ist »das hierarchische Priestertum das

Wesentliche in der Kirche« geworden, und die Laien wurden zu »Zuträgern für das Weihepriestertum«.

7.2.7 Die römische Kirche als zentralistische Papstkirche

Die römisch-katholische Kirche hat 1870 im Vatikanum I die letzte noch erforderliche Weiche zum kirchlichen Zentralismus gestellt. Die Unfehlbarkeit des Papstes bei Ex-cathedra-Entscheidungen und sein Rechtsprimat über die gesamte Kirche (siehe 6.6.9) wird zum von Gott geoffenbarten Dogma und damit zur unumstößlichen Glaubenswahrheit erklärt. Wer dem nicht zustimmt, wird ausgeschlossen (*Anáthema sit*). Das Dogma beansprucht über die römisch-katholische Kirche hinaus, für alle Christen zu gelten, und es ist als von Gott geoffenbartes und damit als göttliches Recht unabänderlich (*irreformabile*). Das Vatikanum II hat das in der Sache erneut bestätigt. »Der Bischof von Rom hat kraft seines Amtes als Stellvertreter Christi und Hirt der ganzen Kirche volle, höchste und universale Gewalt über die Kirche und kann sie immer frei ausüben« (LG 22). Das wird in dem Schreiben der Glaubenskongregation »Über einige Aspekte der Kirche als Communio« (1992) noch präzisiert. Danach hat der Papst die »unmittelbare *Gewalt über alle*, sowohl über die Hirten als auch über die Gläubigen« (III,1). Nach Hasenhüttl (2, 322f) versteht sich der Papst als das »Wesenselement der Gesamtkirche«, und diese ist »Gemeinschaft der Untertanen des Papstes«.

Die absolutistische Vollmacht in den Händen des Papstes hatte für die Kirche viele Konsequenzen. Entscheidungen, die früher nur im Dialog der Bischöfe oder mit den Bischöfen herbeigeführt werden konnten, konnte der Papst jetzt monologisch treffen. Die Kurie wurde als zentralistische Behörde perfektioniert und zog an sich, was der Zentralisierung diente. Dies alles wurde im Gesetzbuch der römisch-katholischen Kirche, dem Codex Iuris Canonici von 1917 als verpflichtendes Recht kodifiziert und 1983 den Beschlüssen des Vatikanum II angepasst. Das Dogma hat damit Rechtscharakter angenommen. Die Kirche und ihr Leben wurden in einem bisher nicht gekannten Maß verrechtlicht, uniformiert und institutionalisiert.

Galt es in der frühen Kirche in Glaubensfragen »mit der Kirche« zu denken (*sentire cum ecclesia*) und im Dialog mindestens der Bischöfe zu stehen, so wurde jetzt alles darauf ausgerichtet, »mit dem Papst zu denken« und ihm zu gehorchen. Dazu Hasenhüttl: »Sittlichkeit und auch der Glaube wurden jetzt auch radikal dem Papst unterworfen« (2, 288).

Die Bischöfe, Priester, Diakone und theologischen Lehrer wurden an die Vorgaben des Papstes gebunden. Das scholastische Lehrsystem des Thomas von Aquin († 1274) wurde zur normativen Basis von Theologie, Philosophie und Soziallehre erklärt. Wissenschaftler, die historisch-kritische Methoden auf Bibel- und Kirchengeschichte anwendeten, wurden von ihren Lehrstühlen entfernt oder exkommuniziert. In einem neuen Syllabus von Irrtümern der Moderne und einer Enzyklika wurden 1907 die Anwendung aller wissenschaftlichen Methoden untersagt, die zu Widersprüchen mit der römisch-katholischen Glaubenslehre führen konnten. Mit einem Antimodernisteneid, den ab 1910 alle Professoren und Amtsträger schwören mussten, sollte die noch offene Stelle im System geschlossen werden. Unter der Bezeichnung »Treueeid« lautet er seit 1989: »Fest glaube ich alles, was im geschriebenen oder überlieferten Wort Gottes enthalten ist und von der Kirche als von Gott geoffenbart zu glauben vorgelegt wird, sei es durch feierliches Urteil, sei es durch das ordentliche und allgemeine Lehramt. Mit Festigkeit erkenne ich auch an und halte an allem und jedem fest, was bezüglich der Lehre des Glaubens und der Sitten von der Kirche endgültig vorgelegt wird. Außerdem hänge ich mit religiösem Gehorsam des Willens und des Verstandes den Lehren an, die der Papst und das Bischofskollegium vorlegen, wenn sie ihr authentisches Lehramt ausüben, auch wenn sie nicht beabsichtigen, diese in einem endgültigen Akt zu verkünden.«

In der Dogmatischen Konstitution über die göttliche Offenbarung *Dei Verbum* von 1965 hat das Konzil festgelegt, wer die Normen des Glaubens setzt: »Die Aufgabe aber, das geschriebene oder überlieferte Wort Gottes verbindlich zu erklären, ist nur dem lebendigen Lehramt der Kirche anvertraut, dessen Vollmacht im Namen Jesu Christi ausgeübt wird« (DV 10). Die Arbeit der Theologen, Bibelwissenschaftler und Historiker wird darauf beschränkt, das, was das im Papst verkörperte Lehramt als kirchliche Lehre zu glauben vorgelegt hat, im Sinne dieses Lehramtes zu erklären und zu vermitteln.

Alle Amtsträger, vom Bischof bis zum Diakon, werden entsprechend ihren Rangstufen in einem Amtseid auf die Treue zum Papst und auf den Gehorsam gegenüber seinen Entscheidungen verpflichtet. Im Amtseid der Bischöfe heißt es u. a.: »Ich ... werde der Katholischen Kirche und dem Papst ... stets treu sein. ... Der freien primatialen Vollmacht des Papstes in der ganzen Kirche werde ich Folge leisten und dafür sorgen, seine Rechte und seine Autorität zu fördern und zu verteidigen«. Die gesamte Hierarchie ist durch ihren Amtseid verpflichtet, die päpstlichen Entscheidungen zu vertreten und durchzusetzen.

Das »Priestertum der Laien« besteht darin, »das, was die geweihten Hirten in Stellvertretung Christi als Lehrer und Leiter in der Kirche festsetzen, in christlichem Gehorsam bereitwillig aufzunehmen« (LG 37). Die Laien werden dazu aufgefordert, in ihrer örtlichen Gemeindepraxis darüber zu wachen, dass kirchliches Handeln so geschieht, wie es vom kirchlichen Lehramt vorgeschrieben ist. In der Instruktion *Redemptionis Sacramentum* von 2004 werden die Missbräuche aufgelistet, die in der Praxis der Eucharistie sofort abzustellen sind. Die Instruktion endet mit der Aufforderung: »Alle haben ... in ganz besonderer Weise dafür zu sorgen, dass das heiligste Sakrament der Eucharistie von jeder Art Ehrfurchtlosigkeit und Missachtung bewahrt wird und alle Missbräuche vollständig korrigiert werden. Dies ist für alle und für jeden einzelnen eine sehr wichtige Aufgabe, und alle sind ... zur Verwirklichung dieser Aufgabe gehalten« (RS 183). Danach wird jeder Katholik aufgefordert, über Eucharistiepraktiken, die nicht der päpstlichen Instruktion entsprechen, beim Diözesanbischof oder beim apostolischen Stuhl Klage einzureichen (RS 184). Mit diesem Regelkreis der Überwachung ist ein geschlossenes System entstanden, in welchem der Klerus nach oben auf den Papst hin ausgerichtet wird und von unten durch die Laien daraufhin kontrolliert wird, ob die päpstlichen Anordnungen auch durchgeführt und eingehalten werden.

7.2.8 Das göttliche Recht

Hier ist nicht die Problematik des Kirchenrechts zu diskutieren, sondern lediglich die Rolle des göttlichen Rechts für das Kirchenverständnis der römisch-katholischen Kirche zu beleuchten. Die römisch-katholische Lehre geht heute davon aus, dass der Schrift und der Tradition Normen zu entnehmen sind, die Gott gesetzt hat und die deshalb auch bindend sind und von Menschen nicht verändert werden können. Da diese göttlichen Normen über Wesen und Struktur der Kirche in den neutestamentlichen Texten von den Bibelwissenschaftlern bisher nicht aufzufinden waren, argumentiert das Vatikanum II so: »Diese Heilige Synode setzt den Weg des ersten Vatikanischen Konzils fort und lehrt und erklärt feierlich mit ihm, dass der ewige Hirt Jesus Christus die heilige Kirche gebaut hat, indem er die Apostel sandte wie er selbst gesandt war vom Vater. Er wollte, dass deren Nachfolger, d. h. die Bischöfe, in seiner Kirche bis zur Vollendung der Weltzeit

Hirten sein sollten. ... Er hat den heiligen Petrus an die Spitze der übrigen Apostel gestellt und in ihm ein immerwährendes und sichtbares Prinzip und Fundament der Glaubenseinheit und der Gemeinschaft eingesetzt. Diese Lehre über Einrichtung, Dauer, Gewalt und Sinn des dem Bischof von Rom zukommenden heiligen Primates sowie über dessen unfehlbares Lehramt legt die Heilige Synode abermals allen Gläubigen fest zu glauben vor« (LG 18).

Für die Frage, wie und wodurch göttliches Recht erkennbar wird, ist diesem Text Folgendes zu entnehmen: Da die beiden Erkenntnisquellen, Schrift und Tradition, über Wesen und Struktur der Kirche nichts sagen, liegt die Quelle der Erkenntnis dafür allein beim bischöflichen Amt, und zwar seit 1870 beim Bischof von Rom als in seiner konzentriertesten Gestalt. Er kann erkennen und festlegen, was als unveränderliches göttliches Recht zu gelten hat. Nach dem heutigen Stand der römisch-katholischen Lehre sind von Gott eingesetzt: die Kirche, das Bischofsamt, die Weihe, die Weihehierarchie und die Sukzession, das Petrusamt in Rom, der päpstliche Jurisdiktionsprimat samt Unfehlbarkeit, die beiden wesensverschiedenen Stände der Kleriker und der Laien, die Sakramente und alle daraus ableitbaren Praktiken und Rechtsnormen. Die genannten Elemente sind als Einrichtungen göttlichen Rechts erst durch die Erkenntnisvollmacht der Bischöfe und des Papstes offenbar geworden.

Das aus dem altrömischen Recht übernommene Konstrukt eines »göttlichen Rechts« ist das juristische Schlüsselinstrument, mit dem aus dem Bischofsamt in immer neuen Zirkelschlüssen einzelne Elemente der Kirchenlehre in den Rang unveränderlicher göttlicher Vorgaben gehoben und in das Gesamtgefüge eingebaut werden können. Das Dogma von der päpstlichen Unfehlbarkeit und seinem Rechtsgrund von 1870 und das vom Papst verkündete Dogma von der leiblichen Aufnahme Mariens in den Himmel von 1950 sind die uns zeitlich nächsten Beispiele für diesen Vorgang. Katholische Theologen haben immer wieder darauf hingewiesen, dass die Kirche mit der Feststellung irreversibler Lehraussagen in eine Sackgasse läuft und sich selbst die Möglichkeit für Reformen nimmt.

7.2.9 Die Organisation von oben her

Die römisch-katholische Kirche versteht sich als eine von Gott gestiftete und zum Heil der Menschen notwendige Einrichtung, die nach göttlichem Recht von ihrer Spitze her, dem Papst, über Gehorsam nach unten definiert und organisiert ist. Die Laien sind am Lehramt und an der Leitung der Kirche nicht beteiligt. Das Vatikanum II hat erstmalig beratende Gremien für Pfarrgemeinderäte, Diözesanräte und Synoden eingerichtet, freilich ohne ihnen ein Mitspracherecht bei Entscheidungen einzuräumen.

7.3   Das protestantische Modell

7.3.1 Der inhaltliche Ansatz

Die Impulse zum Verständnis von Kirche entnimmt der Protestantismus dem neuen Verständnis der Bibel, aus dem die Reformation hervorging. Für Luther bedeutete Theologie in erster Linie Auslegung der biblischen Schriften. In den dreieinhalb Jahrzenten, in denen er als Professor der Theologie tätig war, hielt er ausschließlich Vorlesungen über biblische Texte. Diese Texte verstand er keineswegs als wörtlich diktierte Belehrungen Gottes, aus denen sich in distanzierter Forscherarbeit ewige Wahrheiten herausfiltern lassen. Er las die biblischen Texte als eine Art von schriftlicher »Notvermittlung«, in der Gott durch die ersten Christuszeugen über die Zeiten hinweg mit uns redet. Auslegung bedeutete für ihn, sich dieser Anrede Gottes auszusetzen und die Texte auf unser Leben, Denken, Fühlen und Tun zu beziehen. Im Kern gilt es, das zu erfassen, was die Schriften darüber sagen, was Christus uns Menschen gebracht hat, und was das für das menschliche Leben bedeutet. Die Schrift auslegen heißt nach protestantischem Verständnis, sich auf die Texte so einzulassen, dass man von ihnen ausgelegt wird, d. h. das eigene Leben im Licht der biblischen Botschaft sehen lernt. Dazu konnten weder die Kirchenväter (Tradition) noch die Konzilien (Bischöfe) noch ein Papst allgemein verbindliche Antworten geben. Sie alle und die bestehenden kirchlichen Einrichtungen müssen sich nach diesem neuen Verständnis von der Schrift daraufhin befragen lassen, ob sie der Christusbotschaft der Bibel entsprechen.

In volkstümlicher Sichtweise gilt der ausufernde Ablasshandel als Anstoß zur Reformation. Dieser Handel mit dem Jubiläumsablass, den der Papst für den Neubau der Peterskirche ausgeschrieben hatte, erwies sich freilich nur als eine historisch zufällige Episode, an der grundsätzliche Fragen aufbrachen:

- Was ist das Wesen der Kirche?
- Worin ist Kirche gegründet?
- Was ist ihre Aufgabe und welche Strukturen braucht sie dafür?
- Woran ist Kirche erkennbar und als Kirche Christi identifizierbar?

Nach dem neuen Schriftverständnis der Reformatoren, das sich in Mittel- und Nordeuropa schnell verbreitete und durchsetzte, waren die Antworten auf diese grundsätzlichen Fragen nicht mehr den kirchlichen Lehrbüchern und bischöflichen Entscheidungen zu entnehmen; sie mussten vielmehr durch das Studium der Schrift für die eigene Zeit immer neu geklärt werden.

7.3.2 Die neue Rolle der Theologie

Das neue Schriftverständnis ist Konsens in allen protestantischen Kirchen. Die Theologie hat dadurch in der Kirche eine zentrale Rolle und neue Funktionen erhalten. Das, was als christlich gelten soll, kann jetzt nicht mehr als ewige Wahrheit durch entstandene Traditionen festgelegt gelten (orthodox) oder durch Bischöfe und den Papst entschieden werden (römisch-katholisch). Menschliches Erkennen ist zeit- und kulturbedingtes Erkennen. Klare Entscheidungen setzen klares Erkennen auf der geistigen Höhe der Zeit voraus. Die Theologie hat die Aufgabe, die Erkenntnisgrundlagen für Entscheidungen zu erarbeiten. Sie muss mit den jeweils besten philologischen, historischen und erkenntniskritischen Methoden Folgendes leisten:

– Theologie hat die Botschaft der biblischen Texte so genau wie nur möglich herauszuarbeiten (Bibelwissenschaften).

– Theologie hat zu klären, wie die heute gültigen Inhalte des christlichen Glaubens im Laufe der Jahrhunderte zustande gekommen sind, und sie hat zu prüfen, ob dieser Prozess der Botschaft der Heiligen Schrift entspricht (Dogmengeschichte).

– Theologie hat zu klären, in welchen historischen Kontexten sich Kirche bis zu ihren gegenwärtigen Erscheinungsformen entwickelt hat, und sie hat zu überprüfen, in welchem Verhältnis diese Entwicklungsschritte und gegenwärtigen Strukturen zur Botschaft der Bibel stehen (Kirchengeschichte).

– Theologie hat zu klären, was die tragende Mitte der Christusbotschaft ist und wie christlicher Glaube im Wissenshorizont der jeweiligen Gegenwart geistig erfasst und verständlich artikuliert werden kann (Systematische Theologie).

– Theologie hat zu klären, was gemäß der Christusbotschaft die Aufgabe von Gemeinde und Kirche ist und in welchen organisatorischen Strukturen diese Aufgabe angesichts der regionalen Gegebenheiten und Herausforderungen angemessen verwirklicht werden kann (Praktische Theologie).

Die Theologie bildet das Forum, in welchem die Fragen des christlichen Glaubens und der Gestalt von Kirche öffentlich verhandelt und allen zugänglich werden. Das ist ihre bleibende selbstkritische Funktion.

7.3.3 Ursprung und Wesen der Kirche

Kirche gibt es nicht deshalb, weil sie von Gott eingesetzt ist. Sie entsteht dort, wo das Evangelium verkündet wird und Menschen von der Botschaft erreicht werden. Kirche gründet in der Botschaft, die Jesus in unsere Welt gebracht hat und die als verkündete Botschaft, wie sie in den neutestamentlichen Schriften bezeugt wird, weitergetragen wird. Luther hat das bereits 1519 in der Leipziger Disputation auf die kurze Formel gebracht: »Die Kirche ist eine Schöpfung des Evangeliums (*creatura Evangelii*), bzw. eine Schöpfung des Wortes« (WA 6,560).

Der Ursprung von Kirche im Evangelium als dem Wort Gottes beschreibt bereits ihr Wesen. Sie ist der Ort, an dem durch die verkündete Christusbotschaft Menschen zu einem Leben aus dem Geist der Liebe frei und stark gemacht werden. Das Wesen der Kirche ist nach protestantischem Verständnis keine Institution und keine Anstalt des Heils, sondern ein Ereignis zwischen Gott und Mensch, ausgelöst durch die Christusbotschaft. Luther konnte das so sagen: »Das ganze Leben und Wirken der Kirche besteht im Wort Gottes« (WA 7, 721). In der Barmer Theologischen Erklärung, erarbeitet von Vertretern lutherischer, reformierter und unierter Kirchen sowie freier Gemeinden (1934), heißt es: »Die christliche Kirche ist die Gemeinde von Brüdern (und Schwestern – d. Vf.), in der Jesus Christus ... als der Herr gegenwärtig handelt« (Barmen 34,3).

7.3.4 Aufgabe und Kennzeichen der Kirche

Die Aufgabe der Kirche ist in ihrem Ursprung und Wesen bereits angelegt. Sie besteht darin, ihr Wesen zu leben, d. h. das Evangelium den Zeitgenossen zu verkündigen. Wo das geschieht, da ereignet sich Kirche, und zwar mit oder ohne Organisation. Nach dem Augsburger Bekenntnis von 1530 ist Kirche »die Versammlung aller Gläubigen, bei welchen das Evangelium rein gepredigt und die Sakramente dem göttlichen Wort gemäß gereicht werden« (CA VII). Calvin sagt: »Überall, wo wir wahrnehmen, dass Gottes Wort lauter gepredigt und gehört wird und die Sakramente nach der Einsetzung Christi verwaltet werden, lässt sich auf keinerlei Weise daran zweifeln, dass wir eine Kirche Gottes vor uns haben« (Calvin IV/1,9).

Durch Predigt und Sakramente sehen die protestantischen Kirchen ihr Kirchenverständnis theologisch zureichend gekennzeichnet. Allerdings müssen Predigt und Sakramente dem Evangelium entsprechen. Die formale Definition wird damit inhaltlich an das Evangelium gebunden. Der theologische Gehalt des Evangeliums wird nicht als göttliche Wahrheit ein für alle Mal festgelegt, sondern der Versammlung der Glaubenden anvertraut, von der er immer neu gesucht und geistig verantwortet werden muss.

7.3.5 Die Gestalt der Kirche

Wenn Kirche darin konkret wird, dass in Predigt und Sakrament das Evangelium Gestalt annimmt und Menschen erreicht, so ist Kirchewerden und Kirchesein in die Gegebenheiten der menschlichen Geschichte und in ihre kulturellen Entwicklungen eingebunden. Kirche kann nur in historischen Ausgestaltungen wirklich werden. Die Frage ist, ob solche Ausgestaltungen ihrem Wesen und ihrem Auftrag entsprechen.

Wollen Kirche und Gemeinden ihrem Auftrag gerecht werden, müssen sie das Evangelium innerhalb des geistigen Horizonts ihrer Adressaten zum Ausdruck bringen. Aufgrund ihrer Geschichtlichkeit ist die Gestalt der Kirche wesensgemäß *variabel*. Sowohl die Sprachformen der Verkündigung wie auch die Einrichtungen und Prozesse der Verkündigung müssen auf die Gegebenheiten und Möglichkeiten der jeweiligen Situation abgestimmt sein. Das Evangelium muss sowohl sprachlich wie in der Art der Vermittlung *situationsgemäß* zum Ausdruck gebracht werden.

Da es unterschiedliche Kulturen und innerhalb dieser Kulturen unterschiedliche Entwicklungsstufen gibt, so gehört die *Pluralität* wesensgemäß zur Gestalt der Kirche. Die immer gleiche Botschaft kann nur in der Pluralität ihrer Ausdrucksformen Menschen in je ihrer Kultur erreichen. Dazu ist freilich die ständige Rückbesinnung auf das Zeugnis der Schrift erforderlich, damit in der Pluralität des Ausdrucks die eine Christusbotschaft durchgehalten wird. Wo die selbstkritische theologische Reflexion fehlt, da droht die inhaltliche Mitte der Heilsbotschaft verloren zu gehen.

Kirche ist aufgrund ihrer Geschichtlichkeit notwendig stets *im Wandel*. Da sich historische und kulturelle Begebenheiten ändern, müssen die Gemeinden in ihrer geschichtlichen, sozialen, kulturellen und regionalen Gegenwart stets jene Gestalt von Kirche suchen, mit der sie ihren Aufgaben bei den sich wandelnden Bedingungen am besten gerecht werden. Die Gestalt der Kirche ist eine menschliche Ordnung, die nicht von Gott zeitlos vorgegeben ist, sondern der Gemeinschaft der Glaubenden am Ort ihrer Umwelt anvertraut und von ihr zu finden und zu verantworten ist. Sie ist und bleibt daher eine *ecclesia semper reformanda, eine ständig aus dem Geist der Christusbotschaft zu erneuernde Kirche.*

7.3.6 Die notwendigen Funktionen der Kirche
Die Funktionen, die eine Gemeinde am Ort braucht, ergeben sich aus ihrer Aufgabe als Kirche. Wie diese Funktionen zu bestimmen und zu verteilen sind, das regeln die Gemeinden in

ihrer Region. Mit der Taufe ist jedem Christen die Vollmacht gegeben, das Evangelium in allen seinen Gestalten zu verkündigen. Die Formel vom »allgemeinen Priestertum der Gläubigen«, mit der Luther diese Vollmacht der Getauften zum Ausdruck bringen wollte, scheint heute für das interkonfessionelle Gespräch wenig geeignet, da mit dem Stichwort »Priestertum« gegenwärtig das römisch-katholische Amtspriestertum verbunden wird.

Die Verkündigungsvollmacht aller Getauften lässt nach protestantischem Verständnis nicht zu, die Kirche in Laien und Kleriker zu teilen, die mit einer höheren geistlichen Vollmacht ausgestattet sind. Für die öffentliche Verkündigung, die von der gesamten Gemeinschaft verantwortet wird, bedarf es freilich eines Amtes, in das die Gemeinde beruft und das sie auch mit Rechten und Pflichten ausstattet, die um der Ordnung willen im Einverständnis aller ausgeübt werden. Die protestantischen Kirchen kennen nur ein einziges öffentliches Amt, das in vielen von der Gemeinde festzulegenden Funktionen ausgeübt werden kann (siehe 6.8).

Die reformierten Kirchen achteten besonders darauf, dass mit den unterschiedlichen öffentlichen Funktionen weder Herrschaftsbeziehungen noch ein Herrschaftsgefälle aufgebaut werden, und zwar weder unter denen, die einen öffentlichen Dienst in der Kirche ausüben, noch gegenüber der Gemeinde. Das wird aus guten Gründen auch in der Barmer Theologischen Erklärung (1934) wieder betont: »Die verschiedenen Ämter (Funktionen und Dienste) in der Kirche begründen keine Herrschaft der einen über die anderen, sondern die Ausübung des der ganzen Gemeinde anvertrauten und befohlenen Dienstes« (Barmen 4). Die Lebenswirklichkeit zeigt, dass zwischen dem protestantischen Kirchenverständnis und dem Selbstverständnis einiger protestantischer Kirchenfunktionäre gelegentlich inhaltliche Differenzen entstehen. Die Gemeinden und Synoden sind von ihrem Selbst-

verständnis her darin zu ermutigen, Amtsträger, die sich pfarr-
herrlich und bischöflich gebärden, in die Schranken zu weisen.

7.3.7 Die Dialog-Gemeinschaft der Christen

Christliche Gemeinden leben weltweit in unterschiedlichen
Kulturen, die sich zudem in stetem Wandel befinden. Die Gemeinden am Ort müssen ständig entscheiden, wie die Christusbotschaft unter ihren kulturellen Bedingungen sprachlich
zum Ausdruck gebracht werden kann und was die Gemeinde
an Diensten und Funktionen braucht, um ihrer Aufgabe
gerecht zu werden. Protestantische Kirchen kennen für die
Inhalte der Verkündigung außer der Bibel keine normgeben-
den Instanzen, wie z. B. Kirchenväter, geweihte Bischöfe oder
einen Papst. Sie sehen in der Bibel auch keine göttlichen
Normen für Aufbau und Organisation von Gemeinden vorgegeben. Sprachformen und Denkformen, in denen die Christusbotschaft für die Menschen ihrer Gemeinden zugänglich
wird, müssen von der Dialog-Gemeinschschaft der Glaubenden im Gespräch mit der Heiligen Schrift stets neu erarbeitet,
gewagt und verantwortet werden.

Das gilt auch für die Struktur und für die Dienste in der
Gemeinde. Die Gemeinden und Kirchen können für ihre Entscheidungen auf den Erkenntnisfundus der interkonfessionellen Dialog-Gemeinschaft der Theologen zurückgreifen. Die
Bibelwissenschaft hilft, die biblischen Texte ihrer Absicht gemäß zu verstehen. Kirchengeschichte und Dogmengeschichte
zeigen, wie Gemeinden vor uns unter den Bedingungen ihrer
Welt die Christusbotschaft artikuliert und ihre Gemeindear-
beit strukturiert haben. Protestantische Gemeinden sind darauf angewiesen, am bibelorientierten Dialog der christlichen
Glaubensgemeinschaft teilnehmen zu können. Dadurch ver-
gewissern sie sich der Mitte ihres Glaubens und ihrer Aufgabe als Gemeinde Christi im Hier und Jetzt.

Der Ausstieg aus der weltweiten Dialog-Gemeinschaft und

die Versuchung, die eigene Position absolut zu setzen, führten und führen ins Abseits der Sekte. Das ist kein spezifisch protestantisches, sondern ein grundsätzliches Problem aller Kirchen. Die Kirchengeschichte kennt dafür viele Beispiele. So werden die orthodoxen Kirchen nicht müde, der römisch-katholischen Kirche vorzuhalten, dass sie mit der Exkommunikation Konstantinopels im Jahr 1054 und mit der Ausrufung des Dogmas vom Jurisdiktionsprimat und der Unfehlbarkeit des Papstes 1870 die Glaubens- und Dialog-Gemeinschaft der Christen in selbstherrlicher Weise verlassen und sich zur Sekte gemacht habe. Die aktuellen Größenverhältnisse der Kirchen ändern an dieser Bewertung nichts.

7.3.8 Die Organisation von der Gemeindebasis aus

Wenn sich Kirche dort ereignet, wo die Christusbotschaft laut wird und Menschen sich dafür öffnen, fallen auch auf dieser Ebene die kompetenten Entscheidungen darüber, wie die Dienste und Funktionen im Gemeindeleben einzurichten und mit anderen Gemeinden zu koordinieren sind. Nur die Gemeinden und die regionalen Synoden können beurteilen, wie sie an ihrem Ort der Verkündigungsaufgabe am besten entsprechen.

Die protestantischen Kirchen sind von den Gemeinden her aufgebaut. Die theologische Grundidee einer protestantischen Kirchenverfassung liegt darin, dass eine Kirche nicht durch einen Bischof oder eine landesherrliche Obrigkeit geleitet wird, sondern von ihren Ältesten/Presbytern. Die Gemeinden entsenden ihre Vertreter zu regionalen Synoden, und deren Vertreter bilden die Kirchensynode, das Leitungsgremium der Kirche. Kirchliche Amtsträger sind in den Leitungsgremien durchweg in der Minderheit.

Die konkrete Ausformung der protestantischen Kirchenverfassungen zeigt eine vielfältige und breite Skala von Möglichkeiten. Einige lutherische Kirchen haben Elemente bischöflicher Leitungsformen beibehalten. In den reformierten

Kirchen haben sich die presbyterialen/synodalen Konzepte durchgesetzt. Aber auch kongregationalistische Modelle haben sich herausgebildet, in denen die Einzelgemeinden gegenüber regionalen und überregionalen Gremien ein hohes Maß an Eigenständigkeit behalten und nur das Nötigste auf synodalem Weg überregional regeln.

7.3.9 Sichtbare und verborgene Kirche

Im protestantischen Kirchenmodell besteht Einigkeit darin, dass die eine Kirche, die wir in den altkirchlichen Glaubensbekenntnissen meinen und bekennen, mit keiner der existierenden Kirchen gleichzusetzen ist. Das kann in unterschiedlichen Bildern zum Ausdruck gebracht werden. Zwingli unterschied zwischen einer sichtbaren Kirche, die irdisch verfasst ist, und einer unsichtbaren Kirche, die erst am Ende der Zeit offenbar werden wird. Luther sprach von einer »leiblich äußerlichen Christenheit« und einer »geistlich innerlichen Christenheit«, die unseren Augen verborgen und nur Gott offenbar ist. Alle Reformatoren erinnern daran, dass es im Glaubensbekenntnis nicht heißt: »Ich glaube *an* eine … Kirche«, sondern »Ich glaube eine … Kirche«. Mit dem Bekenntnis »Ich glaube *an* Gott …« drücken wir aus, dass wir unser Vertrauen und unsere Zuversicht auf Gott setzen. Das aber gilt für keine irdische Kirche. Protestanten erwarten von der irdischen Kirche kein Heil. Sie sehen sich aber in der Gemeinschaft derer, die über die Zeiten, Räume und Konfessionen hinweg ihr Leben aus jenem göttlichen Geist der Liebe gestaltet haben, den Jesus uns eröffnet und gebracht hat. Diese eine Kirche deckt sich mit keiner der historisch gewordenen Konfessionen. Sie alle sind Menschenwerk. Die eine Kirche hingegen, zu denen alle zählen, die sich von Gottes Geist erfüllen und leiten lassen, ist jenseits aller kirchlichen Organisationen und Konfessionszugehörigkeit »die durch das Wort Gottes begründete Gemeinschaft der Glaubenden« (Härle in TRE 18,285).

8 Vielfalt und Einheit der Kirchen

8.1 Einheit in der Geschichte

Das Nicäno-Konstantinopolitanum von 381 gilt als jenes alt-kirchliche Symbol, zu dem sich mit wenigen Ausnahmen alle christlichen Kirchen bekennen. Darin heißt es in der lateinischen Fassung: »Ich glaube *eine ... Kirche*« (*unam ecclesiam*). Dieses Glaubenssymbol geht auf ein altrömisches Symbol zurück, das uns in mehreren lateinischen und griechischen Fassungen aus dem Beginn des 4. Jahrhunderts vorliegt und das den Hinweis auf die »eine Kirche« noch nicht überall enthält. Der Gedanke der Einheit als eines Kennzeichens der christlichen Kirche begann sich erst zu entwickeln, als das Christentum zur Staatsreligion des Römischen Reichs erhoben wurde und der Staat eine organisierte und inhaltliche Einheit der Kirche forderte, ja erzwang.

Die »eine christliche Kirche« im Sinn einer sichtbaren Einheit hat es in der gesamten Geschichte des Christentums nie gegeben. Am Anfang stand die Vielfalt. Es gibt bibelwissenschaftlich gute Gründe für die historische Feststellung, dass die unterschiedlichen neutestamentlichen Schriften die Vielfalt der Gemeinde- und Kirchenformen sogar begründeten. Im gesamten ersten Jahrtausend gab es noch keine theologisch reflektierte Lehre über Wesen und Selbstverständnis der Kirche. Erst nach der Spaltung in Ost- und Westkirche im Jahr 1054 setzte vor allem im Westen das Nachdenken über Wesen und Gestalt der Kirche ein. Der römische Bischof Gregor VII. erklärte im *Dictatus papae* von 1075 die römische Kirche als die eine und einzige von Gott gegründete Kirche, die nie geirrt hat und die nach dem Zeugnis der Schrift auch in Ewigkeit nicht irren wird. Aus orthodoxer Sicht ist seither die »römisch-katholische Kirche eine abgefallene Kirche mit einigen Irrlehren« (Frieling 99, 35). In der Reformationszeit kündigte Rom abermals denen die Kirchengemeinschaft auf, die die Heilsnotwendigkeit der römischen Kirche und ihrer Einrichtungen in Frage stellten. Es bildeten sich mehrere Kirchen. Auf dem Konzil von Trient (1545–1563) wurde in Rom noch einmal die im Westen bereits bestehende Tendenz verstärkt, die Kirche als notwendige Anstalt des Heils zu verstehen und ihre Einrichtungen konsequent zu verrechtlichen. Das vertiefte den Graben zu den orthodoxen und protestantischen Kirchen. Die letzten Brücken zu den anderen Konfessionen und zur europäischen Geisteskultur wurden 1870 mit dem Dogma von der Unfehlbarkeit des Papstes und seinem Rechtsprimat über jeden einzelnen Christen abgebrochen. Der päpstliche Absolutismus führte die römisch-katholische Kirche geradewegs in die Selbstisolierung, aus der sie sich erst nach einem Jahrhundert mit dem Vatikanum II zu befreien suchte. Die nichtrömischen Kirchen hoffen auf ihre Rückkehr in die Dialog-Gemeinschaft der Glaubenden.

8.2   Der Gedanke der Ökumene

Das Thema von Einheit und Vielfalt der christlichen Kirchen ist im letzten Jahrhundert unter dem Stichwort »Ökumene« in das öffentliche Bewusstsein gedrungen. Der Begriff »Ökumene« ist von dem griechischen Verb *oikein*/wohnen hergeleitet. Er wurde bereits von Herodot (um 490–425/20 v. Chr.) in der Bedeutung von »bewohnte Erde« verwendet. Im Laufe der Geschichte wurde »Ökumene« in mindestens sieben Sinnvarianten angewendet, denen wir hier nicht nachgehen müssen. Heute bezeichnet das Wort »Ökumene« die »Einheit der Kirche und die Bemühungen um diese Einheit« (EKL 3,826).

In den überschaubaren Verhältnissen der ersten Gemeinden wurde nicht von Ökumene gesprochen, sondern Gemeinschaft (*koinonía*) praktiziert. Gemeint waren die Verbundenheit im Geist Jesu und die Gestaltung von Leben und Gemeinde aus diesem Geist. Daraus konnten recht unterschiedliche Gestalten von Gemeinde hervorgehen. Allein die Gemeinden, mit denen der Apostel Paulus Kontakt hatte, deuten diese Vielfalt bereits an.

Wo Vielfalt entsteht, regt sich auch die Frage nach dem einigenden Band. Seit christliche Gemeinden in der multireligiösen Kultur des römischen Reichs ihre Identität zu finden suchten und seit den christologischen Klärungsprozessen, in denen die Gemeinden um ihr Gottesverständnis rangen, gab es Abspaltungen. Ökumenische Einigungsversuche blieben bis in die Reformationszeit darauf gerichtet, institutionelle Einheit wieder herzustellen oder rechtliche Regelungen für ein friedliches Nebeneinander zu finden. Das Bewusstsein für eine gemeinsame Weltverantwortung aller Christen entstand erst durch die vielfältigen Missionsaktivitäten im 19. Jahrhundert.

Seit dem 19. Jahrhundert formierten sich Weltverbände der Jugend, der Studenten, der Frauen, der Missionen, der Konfessionsfamilien u. a. In den Weltmissionskonferenzen, deren erste 1910 in Edinburgh stattfand, bildeten sich drei ökumenische Ziele heraus:

1. der gesamten Menschheit das Evangelium zu bringen;
2. dem Frieden und der sozialen Gerechtigkeit zu dienen;
3. die Einheit der Kirche zu suchen.

Hier soll nur das 3. Motiv, nämlich Ökumene im Sinne einer Einheit von Kirche, das Thema sein.

Um die Mitte des 20. Jahrhunderts kamen unser Globus und die globale Schicksalsgemeinschaft Erde weltweit in den Blick und in das Bewusstsein der Menschen. 1948 wurde in Amsterdam der Ökumenische Rat der Kirchen (ÖRK) gegründet: »Der ÖRK ist eine Gemeinschaft von Kirchen, die den Herrn Jesus Christus gemäß der Heiligen Schrift als Gott und als Heiland bekennen und darum gemeinsam zu erfüllen trachten, wozu sie berufen sind, zur Ehre Gottes, des Vaters, des Sohnes und des Heiligen Geistes.« Dem ÖRK gehören gegenwärtig 349 Kirchen an.

Die römisch-katholische Kirche ist nicht Mitglied des ÖRK. Sie nimmt aber seit 1965 an gemeinsamen Arbeitsgruppen des ÖRK teil und führt seit dem Vatikanum II viele bilaterale Gespräche mit den Mitgliedskirchen des ÖRK. Das ist insofern ein Fortschritt, als noch Papst Pius XI. in der Enzyklika *Mortalium animos* von 1928 Beziehungen zu anderen christlichen Konfessionen und zur ökumenischen Bewegung verboten und die Teilnahme an interkonfessionellen Zusammenkünften und Gesprächen untersagt hatte. In seiner Enzyklika schreibt er: »Es gibt keinen anderen Weg, die Vereinigung aller Christen herbeizuführen, als den, die Rückkehr aller getrennten Brüder zur einen wahren Kirche Christi zu fördern, von der sie sich einst unseligerweise getrennt haben« (MA). In der päpstlichen Instruktion *Ecclesia catholica* von 1949 wurde die ökumenische Bewegung von der römisch-katholischen Kirche erstmals positiv wahrgenommen, und zwar als der vom Heiligen Geist veranlasste Wunsch vieler Nichtkatholiken, in die eine wahre Kirche zurückzukehren. Dieser Wunsch war denen, die ihn haben sollten, freilich nicht bekannt.

8.3 Das Hauptproblem der Einheitsdebatte

Das Hautproblem aller Bemühungen um die Einheit der Kirche liegt in den Begriffen, mit denen dieses Thema verhandelt wird. Die von allen Gesprächspartnern benutzten Begriffe »Kirche«, »Einheit«, »Ökumene« täuschen einen Konsens vor, der inhaltlich nicht existiert. Diese Begriffe werden von den Gesprächspartnern inhaltlich in äußerst unterschiedlicher Weise verwendet. Ein Konsens im Verständnis dieser Ausdrücke ist bisher nicht in Sicht. Der protestantische Konfessionskundler R. Frieling stellte zu Recht fest: »Die unterschiedlichen Vorstellungen von der Einheit der Kirche sind das größte

Hindernis für die Einheit der Kirche« (Frieling 06, 74). Diese Unterschiede sind bereits in den konfessionellen Selbstverständnissen von Kirche angelegt. Die konfessionellen Sichtweisen zum Thema Einheit und Ökumene sollen deshalb im Folgenden aus den Grundstrukturen der jeweiligen Kirchenverständnisse verständlich gemacht werden.

9 Einheit und Ökumene in den Konfessionen

9.1 Die Orthodoxie

9.1.1 Kirche als eucharistische Gemeinschaft

Das Selbstverständnis der orthodoxen Kirche wurde bis heute
weder begrifflich definiert noch dogmatisch fixiert. In der
Metapher vom »Leib Christi«, dessen Haupt Christus ist, wird
Kirche »eher als Organismus, denn als Organisation« (Kallis,
orth., in TRE 18, 254) verstanden. Wir erfahren Kirche nicht
durch rationale Betrachtung, sondern indem wir an ihrem
eucharistischen Leben teilnehmen.« Die Einheit mit Christus
wird in der Eucharistie erfahren. »Die Eucharistie macht eine
Gemeinschaft zur Kirche, sie gibt ihr ihre Existenz, sie macht
sie zu dem, was sie ihrem Wesen nach als Leib Christi ist«
(TRE 18, 255). In der Feier der Eucharistie vergegenwärtigt
die versammelte Gemeinde die Gemeinschaft der universalen
Kirche. So existiert die orthodoxe Kirche »als Einheit in der
Vielfalt und Vielfalt in der Einheit« (TRE 18, 456).

9.1.2 Kirche und Bischofsamt

Aus diesem Grundverständnis von Kirche ergibt sich nach
orthodoxem Verständnis die Struktur von Kirche. Danach ist
die Ortsgemeinde die konkrete Wirklichkeit von Kirche. Sie
ist nicht die Teilkirche einer von Gott vorgegebenen übergeordneten Ganzheit, sondern jede Ortskirche repräsentiert die
Kirche als ganze. Dieses System der Autokephalie (grundsätzliche Eigenständigkeit) ist aber von seinem Grund als in Christus her mit dem dialogischen Prinzip innerhalb der Ortskirchen verbunden gedacht. Die Ortskirchen werden durch den
Bischof repräsentiert und vertreten, der mit seiner Gemeinde
in Glaubensgemeinschaft lebt. Der Bischof gewährleistet sowohl das Kirchewerden wie auch die Einheit der Kirche.

Wenn in der Eucharistie eine Gemeinschaft zur Kirche wird und die Eucharistie eines Bischofs bedarf, der in der apostolischen Sukzessionskette steht, so hängen Kirchewerden und Kirchesein am Bischofsamt.

9.1.3 Die Einheit von Bischofsamt und Gemeinde

Nach orthodoxem Verständnis repräsentiert das Bischofsamt die apostolische Sukzession, die freilich nicht dem Bischof als Person, sondern der Gemeinde als ganzer zukommt. Der Bischof erhält durch die Weihe keine individuelle Autorität, die er in individueller Vollmacht ausüben könnte, sondern er spricht als Träger des Glaubens seines Bistums aus der Übereinstimmung mit seiner Gemeinde.

9.1.4 Die überregionale Einheit des Bischofskollegiums

Die überregionale Einheit der Kirche wird im und durch den Dialog der gleichrangigen Ortsbischöfe gewährleistet und verwirklicht. Die solchermaßen praktizierte Synodalität gehört zum Wesen der Kirche. Die kirchliche Einheit wird zerstört, wo das Modell der Gleichrangigkeit der Bischöfe verlassen wird und einzelne Bischöfe sich über die anderen erheben und besondere Machtbefugnisse für sich reklamieren. Der orthodoxe Theologe A. Kallis erklärt daher: »Die Dogmen des Jurisdiktionsprimats und der Unfehlbarkeit des Papstes widersprechen der eucharistischen Struktur der Kirche und stehen der Einheit der Kirche im Wege« (Kallis 03, 332).

9.1.5 Das Bischofsamt als Garant der Einheit

Die tragende Basis für die Einheit der Kirche ist das Bischofsamt. Mit der Handauflegung und der Weihe durch mehrere Bischöfe, die selbst in der apostolischen Weihetradition stehen, wird der Ortsbischof in die apostolische Sukzession eingeführt und damit selbst zum Garanten und Träger apostolischer Tradition. Wo diese Art des Bischofsamts nicht vorhanden ist, da kann Kirche weder werden noch Einheit entstehen.

9.1.6 Keine Kirchengemeinschaft mit Protestanten

Mit den Protestanten stimmen die Orthodoxen darin überein, dass in der Ortsgemeinde die ganze Kirche verwirklicht ist. Aber da den Protestanten das in apostolischer Sukzession stehende Bischofamt fehlt, sind sie nach orthodoxem Verständnis keine Kirchen. Eucharistische Gemeinschaft, in der eine Gemeinschaft zu Kirche wird, ist zwischen Orthodoxen und Protestanten nicht möglich, da diese keine Bischöfe in apostolischer Weihetradition haben.

9.1.7 Orthodoxie als Norm für Kirchesein

Die orthodoxen Kirchen sehen Wesen und Struktur der Kirche durch die Schrift und durch die Tradition der Kirchenväter vom Heiligen Geist als zeitlos gültig und irreformabel festgelegt. Zu dieser unveränderbaren Gestalt der Kirche gehört mit dem zentralen Bischofamt auch die dreistufige Ämterhierarchie, die als Klerus in hervorgehobener Stellung und als eigener Stand dem Stand der Laien gegenübersteht und für diese unentbehrlich ist. Dieses ihr Selbstverständnis bringt die orthodoxe Kirche in den ökumenischen Dialog ein, und zwar »in der tiefen Überzeugung und im kirchlichen Selbstbewusstsein, der Träger und der Zeuge des Glaubens sowie der Tradition der einen heiligen katholischen und apostolischen Kirche zu sein« (offizieller kirchlicher Text bei Kallis 03, 360). Im gleichen Text heißt es: »Gott ruft alle Christen zur Einheit des Glaubens auf, wie sie in der orthodoxen Kirche im Mysterium und in der Tradition gelebt wird.« Die orthodoxen Kirchen verstehen sich als die authentische Mitte von Kirchesein, von der die anderen Kirchen mehr oder minder weit abgewichen und daher zurückzurufen sind. Orthodoxe Theologen im deutschsprachigen Raum stellen an dieses Selbstverständnis kritische Fragen.

9.1.8 Einheit nach orthodoxem Kirchenverständnis

In den bilateralen Gesprächen zwischen orthodoxen und protestantischen Kirchen sind Annäherungen in Fragen des Kirchenverständnisses und einer Kirchengemeinschaft noch nicht in Sicht. Im Ökumenischen Rat der Kirchen sehen sich »die Orthodoxen mit der ekklesiologischen Vielfalt des Protestantismus konfrontiert, die sowohl thematisch als auch organisatorisch einen (gesamt)evangelisch-orthodoxen Dialog ausschließt« (Kallis 03, 343). In den Gesprächen zwischen Protestanten und Orthodoxen geht es bisher um Absprachen mit einzelnen Kirchen zu Fragen praktischer Zusammenarbeit. Die Position der orthodoxen Kirche zur Ökumene formuliert A. Kallis so: »Die Koinonie (Gemeinschaft) der Kirchen bedeutet im Kontext der orthodoxen Kirchenlehre weder Union durch Verschmelzung noch Zusammenfügung diviergierender Teile noch eine demokratische, d. h. durch Mehrheitsbeschlüsse zustande gekommene Einheit, sondern ein Zusammenfallen pluriformer bzw. unterschiedlicher, gleichberechtigter, selbständiger Gemeinschaften in Christus durch seine Vergegenwärtigung in der gemeinsamen Eucharistie« (TRE 18,260).

9.1.9 Rückfragen der anderen

Protestanten weisen mit den Bibelwissenschaftlern darauf hin, dass weder Eucharistie noch Bischofsamt der Verkündigung Jesu entstammen, wie sie in den neutestamentlichen Schriften bezeugt ist. Beide erweisen sich als nachösterliche Entwicklungen, die sich nach Inhalt und Gestalt erst in den Auseinandersetzungen mit den konkurrierenden Religionen und Kulten der hellenistisch geprägten Welt herausgebildet haben. Eucharistie und Bischofsamt müssen deshalb im Licht der biblischen Christuszeugnisses befragbar bleiben (siehe 6.1.–6.3 und Fischer 09b). Die römische Kirchenlehre wird umgekehrt darauf hinweisen, dass die Gestaltwerdung der Kirche unter der Führung des Heiligen Geistes mit der Zeit der Kirchenväter und den sieben ökumenischen Konzilien nicht abgeschlossen war, sondern sich erst in der römisch-katholischen Kirche voll entfaltet hat.

9.2 Der römische Katholizismus

9.2.1 Kirche, Eucharistie und Bischofsamt

Der Katechismus der Katholischen Kirche von 1993 stellt im Anschluss an die Beschlüsse des Vatikanum II fest: »Das ganze liturgische Leben der Kirche kreist um das eucharistische Opfer und um die Sakramente« (KKK 1113). Papst Johannes Paul II. eröffnete seine Enzyklika *Ecclesia de Eucharistia* von 2003 mit dem Satz: »Die Kirche lebt von der Eucharistie. Diese Wahrheit ... enthält zusammenfassend den Kern des Mysteriums der Kirche« (EdE 1). Mit dem Vatikanum II versteht er das eucharistische Opfer als »Quelle und Höhepunkt des ganzen christlichen Lebens und aller Evangelisation« (ebd).

Die Eucharistie wird als die unblutige Wiederholung des Kreuzesopfers Christi verstanden, das Jesus beim letzten Abendmahl eingesetzt hat (SC 47). »Christus selbst ... bringt durch den Dienst der Priester das eucharistische Opfer dar« (KKK 1410). Christus ist dabei in der Person des geweihten Priesters gegenwärtig (Fischer 09b). Eine gültige Eucharistie kann nur von einem Bischof selbst oder von einem Priester vollzogen werden, der von einem in der apostolischen Sukzession stehenden Bischof geweiht worden ist. Diese notwendige Weihe gilt seit 1563 lehramtlich als »ein von Christus, dem Herrn, eingesetztes Sakrament« (D 1773).

Die Kirche lehrt, »dass die Bischöfe aufgrund göttlicher Einsetzung an die Stelle der Apostel und Hirten getreten sind« (LG 20). Diese sind nach römischem Verständnis von Christus »mit einer besonderen Ausgießung des herabkommenden Heiligen Geistes beschenkt worden« (LG 21). Und sie wiederum übertrugen »durch Auflegung der Hände die geistliche

Gabe, die in der Bischofsweihe bis auf uns gekommen ist« (LG 21).

Dem Bischof wird in der Bischofsweihe mit der Gnade des Geistes auch das heilige Prägemal verliehen. Das ist eine unverlierbare reale Potenz im Menschen, die ihn nicht nur dem Rang, sondern auch seinem Wesen nach aus der Schar der Laien heraushebt und ihm die Vollmacht verleiht, in der Person Christi zu handeln. Die römische Kirchen lehrt: »Christus handelt weiter durch die Bischöfe« (KKK 1575), und sie haben mit ihrer Weihe die Vollmacht erhalten »die geistliche Gabe und die apostolische Saat« an andere durch Weihe zu geben, mit abgestufter Vollmacht auch an Priester und Diakone. Da die eucharistische Feier als Quelle, Mitte und Höhepunkt des kirchlichen Lebens verstanden wird, ist das in der apostolischen Weihesukzession stehende Bischofsamt der Dreh- und Angelpunkt von Kirche. Das drückt der Katechismus der Katholischen Kirche in dem Satz aus: »Ohne den Bischof ... kann man nicht von Kirche sprechen« (KKK 1593). Priester und Diakone handeln stets im Auftrag des Bischofs. »Unter der Autorität der Bischofs heiligen und leiten sie den ihnen zugewiesenen Anteil der Herde des Herrn ...« (LG 28) Die Leitung der Kirche liegt ausschließlich in den Händen des hierarchisch gegliederten Klerus, und zwar örtlich/regional in den Händen des Bischofs, überregional in den Händen von Bischofssynoden und universal in der Hand des Papstes.

9.2.2 Das Papstamt als Garant der Einheit

Die im Vatikanum I versammelte Bischofssynode hat 1870 den Bischof von Rom zum Haupt des Bischofskollegiums, zum Stellvertreter Christi und Hirten der Gesamtkirche hier auf Erden ausgerufen und ihm den Rechtsprimat über die gesamte Kirche und die Unfehlbarkeit in Entscheidungen des Glaubens und der Sitte zugesprochen. Das Vatikanum II bestätigte dieses Dogma und hob den Papst als das »sichtbare

Prinzip und Fundament für die Einheit der Vielheit von Bischöfen und Gläubigen« (LG 23) hervor. Das Kollegium der Bischöfe hat für die Gesamtkirche nur Autorität, wenn es in Gemeinschaft mit dem Papst handelt und entscheidet.

Der Bischof von Rom hat hingegen als Papst »kraft seines Amts als Stellvertreter Christi und Hirt der ganzen Kirche volle, höchste und universale Gewalt über die Kirche und kann sie immer frei ausüben« (LG 22). Das wird auch im Codex des kanonischen Rechts von 1991 gleichlautend in Rechtsform festgeschrieben (CIC 331). Johannes Paul II. verankerte die Stellung des Papstes und seine Rolle für die Einheit der Kirche in seiner Enzyklika *Ut unum sint* von 1995 im Plan Gottes: »Die katholische Kirche hält ... daran fest, dass die Gemeinschaft der Teilkirchen mit der Kirche von Rom und die Gemeinschaft ihrer Bischöfe mit dem Bischof von Rom ein grundlegendes Erfordernis – im Plan Gottes – für die volle und sichtbare Gemeinschaft ist. In der Tat muss die volle Gemeinschaft, deren höchste sakramentale Bekundung die Eucharistie ist, ihren sichtbaren Ausdruck in einem Amt finden, in dem alle Bischöfe sich vereint in Christus anerkennen und alle Gläubigen die Stärkung ihres Glaubens finden« (Uus 97).

9.2.3 Das kirchliche Lehramt als dritte Quelle der Wahrheit

Mit dem Dogma vom Jurisdiktionsprimat und der Unfehlbarkeit des Papstes von 1870 ist das monarchische Bischofsamt der Alten Kirche und der Orthodoxie zum monarchischen und absolutistischen Papstamt weiterentwickelt worden. Dies war mittels der Vorstellung möglich, dass die den Bischöfen in der Weihe verliehene Kraft des Heiligen Geistes göttliche Wahrheit hervorzubringen vermag. Die orthodoxe Kirche hat sich bleibend darauf beschränkt, in der Heiligen Schrift und in der Tradition der Kirchenväter die Quellen christlicher Wahrheit zu sehen. Die römisch-katholische Kirche hat sich mit dem Konstrukt eines von Gott eingesetzten, zunächst kollektiven und schließlich päpstlichen Lehramts eine dritte Quelle geschaffen, aus der immer wieder ewig gültige, irreformable und göttliche Wahrheit geschöpft werden kann. In einem über Jahrhunderte praktizierten Zirkelschlussverfahren sprach sich die römisch-katholische Kirche im kirchlichen Lehramt die faktische Interpretationshoheit über Schrift und Tradition zu. Den bischöflichen Inhabern des Lehramtes ist »durch die Handauflegung und die Worte der Weihe die Gnade des Heiligen Geistes übertragen« worden, dass sie »in hervorragender und in sichtbarer Weise die Aufgabe Christi selbst, des Lehrers, Hirten und Priesters, innehaben und in seiner Person handeln« (LG 22). Ihre Erkenntnis ist von Gott gegebene Erkenntnis.

9.2.4 Was die Kirche ist

Aus dieser dritten Quelle der Wahrheit ist im Laufe der Jahrhunderte über Schrift und Vätertradition hinaus ein Lehr- und Dogmengebäude errichtet worden, dem als der »göttlichen und katholischen Wahrheit« von allen Gläubigen »religiöser Gehorsam des Willens und Verstandes« (LG 25) zu leisten ist. Die Wahrheit über die Kirche ist von Bischofssynoden und vom päpstlichen Lehramt jeweils feierlich verkündet und in ihren Dokumenten festgehalten und veröffentlicht worden (siehe 7.2). Danach versteht sich die römisch-katholische Kirche so:

– Die Kirche ist »unfehlbar« (LG 12). Diese Unfehlbarkeit liegt konzentriert in den Händen des Bischofs von Rom (LG 18 u. ö.).
– Die Kirche ist »unzerstörbar heilig« (LG 39) und »die Sündlose« (KKK 867), »auch wenn sich in ihrer Mitte Sünder befinden« (KKK 827), ja sie ist »in der seligsten Jungfrau Maria schon *zur Vollkommenheit gelangt*, in der sie ohne Makel und Runzel ist« (LG 65).
– Die Kirche ist »apostolisch«, weil sie durch das Lehramt

»bis zur Wiederkunft Christi weiterhin von den Aposteln belehrt, geheiligt und geleitet« (KKK 857) wird.

- Die Kirche ist »katholisch«, weil in ihr der mit seinem Haupt vereinte Leib Christi in Fülle verwirklicht« (KKK 830) ist und weil sie »die Gesamtheit und Fülle der Heilsmittel umgreift« (AG 6).
- Die Kirche ist das »allumfassende Sakrament des Heils« (LG 48), d. h. sie ist »Zeichen und Werkzeug für die innige Vereinigung mit Gott wie für die Einheit der ganzen Menschheit« (LG 1).
- Die Kirche ist »heilsnotwendig«, und zwar für alle Menschen: »Darum können Menschen nicht gerettet werden, die um die katholische Kirche und ihre von Gott durch Christus gestiftete Heilsnotwendigkeit wissen, in die sie aber nicht eintreten oder in ihr nicht ausharren wollten« (LG 14).

9.2.5 Die Gestalt der Kirche

Nach römisch-katholischer Lehre wurde die Gestalt der Kirche von Gott durch Christus gestiftet und schrittweise durch das Lehramt offenbart.

- Die Kirche ist eine priesterlich-sakramentale Einrichtung des Heils. Ihre priesterlichen Ämter sind sakramentaler Natur (Weihe; siehe 6.4).
- Die Ämter sind nach göttlichem Recht hierarisch gegliedert. Die Kirche wird durch den Klerus in abgestufter Vollmacht geleitet (CIC 330ff und 375ff; siehe 6.5).
- Zwischen dem hierarchischen Priestertum und den Laien besteht ein Unterschied »dem Wesen und nicht bloß dem Grade nach« (LG 10). Die Amtspriester haben die Laien zu bilden und sie zu leiten, die Laien »wirken ... an der eucharistischen Darbringung mit und üben ihr Priestertum aus im Empfang der Sakramente, im Gebet, in der Darbringung, im Zeugnis eines heiligen Lebens, durch Selbstverleugnung und tätige Liebe« (LG 10). »Die Bischöfe, die

in Glaubensgemeinschaft mit dem römischen Bischof leben, sind vor allem als Zeugen der göttlichen und katholischen Wahrheit zu verehren. Die Gläubigen aber müssen mit einem im Namen Christi vorgetragenen Spruch ihres Bischofs in Glauben- und Sittensachen übereinkommen und ihm mit religiös gegründetem Gehorsam anhangen« (LG 25; siehe 7.2.6).

9.2.6 Wo ist Kirche?

Das Dekret des Vatikanum II über den Ökumenismus *Unitas Redintegratio* von 1964 beginnt mit dem Satz »Die Einheit aller Christen wiederherstellen zu helfen ist eine der Hauptaufgaben des Heiligen Ökumenischen Zweiten Vatikanischen Konzils« (UR 1). Das Vatikanum II wurde wiederholt als Wendepunkt im Ökumeneverständnis der römisch-katholischen Kirche bewertet. Das mögen viele Katholiken und Nichtkatholiken sehnlichst gehofft haben. Inzwischen ist eine große Ernüchterung eingetreten, herbeigeführt vor allem durch die »Erklärung *Dominus Iesus*« (DI) von 2000. Diese vatikanische Erklärung wurde vom damaligen Präfekten der Kongregation für Glaubenslehre, Kardinal J. Ratzinger, verfasst. Johannes Paul II. hat sie »kraft seiner apostolischen Autorität bestätigt und hat ihre Veröffentlichung angeordnet« (DI 23). Da J. Ratzinger jetzt Papst Benedikt XVI. ist, darf dieses Dokument als der aktuelle lehramtliche Stand des römisch-katholischen Ökumene-Verständnisses gewertet werden.

Das Ökumenismus-Dekret hatte bereits gefordert: »Die gesamte Lehre muss klar vorgelegt werden. Nichts ist dem ökumenischen Geist so fern wie jener falsche Irenismus, durch den die Reinheit der katholischen Lehre Schaden leidet und ihr ursprünglicher und sicherer Sinn verdunkelt wird« (UR 11). Das hat *Dominus Iesus* in vorbildlicher Weise geleistet. J. Ratzinger hat die seit dem Vatikanum II erblühten »Träumereien« auf den Boden der lehramtlichen Tatsachen zurückgeholt. W. Schöpsdau und R. Thöle vom Konfessionskundlichen Institut Bensheim (evang.) stellten wenige Wochen nach der Veröffentlichung fest: »Vom ökumenischen Dialog der Jahre seit dem 2. Vatikanischen Konzil ist in *Dominus Iesus* nichts zu spüren. Das Konzil, einst als Öffnung und Aufbruch gefeiert, erscheint in *Dominus Iesus* als ein Endpunkt, über den nicht hinausgegangen werden darf. konziliare Formeln, die einen Kompromiss darstellen oder eine Sache bewusst in der Schwebe lassen, werden von *Dominus Iesus* restriktiv interpretiert« (MdKI 5/2000, 95).

Wo also ist Kirche? In Anknüpfung an die Konzilstexte heißt es in *Dominus Iesus*: »Die Gläubigen sind angehalten zu bekennen, dass es eine geschichtliche, in der apostolischen Sukzession verwurzelte Kontinuität zwischen der von Christus gestifteten und der katholischen Kirche gibt: Dies ist die einzige Kirche … (Sie) ist verwirklicht (*subsistit in*) in der katholischen Kirche, die vom Nachfolger Petri und von den Bischöfen in Gemeinschaft mit ihm geleitet wird« (DI 16).

Einen positiven Neuansatz wollte man zunächst darin erkennen, dass das Vatikanum II nicht mehr wie alle vorkonziliaren Texte sagte, dass die römisch-katholische Kirche die einzige Kirche Christi *ist* (lat. *est*), sondern dass diese einzige Kirche Christi in der römisch-katholischen Kirche *verwirklicht* ist (*subsistit in*) (LG 8). Das schien die Interpretation zuzulassen, dass die eine Kirche Christi auch in anderen Kirchen verwirklicht sein könnte. Diesen Spekulationen wurde aber Einhalt geboten, als die römische Glaubenskongregation ausführte, dass jenes *subsistit* das frühere *est* nicht abschwächt, sondern im Gegenteil die Identität der einzigen Kirche Christi mit der römisch-katholischen Kirche verstärkt. Kardinal Lehmann erklärte in seinem Eröffnungsreferat zur Herbstversammlung der katholischen Deutschen Bischofskonferenz von 2007: »Es ist zunächst klar, dass die Verwendung des Ausdrucks *subsistit* statt des früheren *est* keine Veränderung in der festen Überzeugung von der substanziellen Identität der Kirche Jesu Christ mit der katholischen Kirche mit sich bringt« (FAZ 25.9.2007). Das heißt: Durch die neuen Formulierungen hat sich am Anspruch der römisch-katholischen Kirche, die einzige Kirche Christi zu sein, nichts geändert.

9.2.7 Die Bewertung der anderen Kirchen

Gegenüber dem Vatikanum I hat sich allerdings Roms Bewertung der nichtrömischen Kirchen und Gemeinschaften geändert. Im Blick auf die orthodoxen Kirchen wird gelegentlich sogar von den »Schwesterkirchen« oder von den »Teilkirchen« (DI 17) gesprochen, eine Bezeichnung, die diese allerdings zurückweisen. Den Ehrentitel von Teilkirchen kann Rom den orthodoxen Kirchen deshalb geben, weil diese Kirchen Bischöfe haben, die in apostolischer Sukzession stehen und deshalb auch eine gültige Eucharistie feiern können.

Im Blick auf die protestantischen Kirchen wird in *Dominus Iesus* erklärt: »Die kirchlichen Gemeinschaften hingegen, die den gültigen Episkopat und die ursprüngliche und vollständige Wirklichkeit des eucharistischen Mysteriums nicht bewahrt haben, sind nicht Kirchen im eigentlichen Sinn« (DI 17). Sie sind demnach defizitär, weil ihnen die in der apostolischen Weihesukzession stehenden Bischöfe fehlen. Deshalb können sie nur als »Gemeinschaften« bezeichnet werden. Die römisch-katholischen Amtsträger wurden angewiesen, sich in der Öffentlichkeit an diesen Sprachgebrauch zu halten.

Neu ist freilich der nachkonziliare freundliche Ton der öffentlichen Äußerungen. Aus den einstigen »Ketzern« sind »Brüder« und gelegentlich auch »Schwestern« geworden. Das Ökumenismus-Dekret des Konzils von 1964 hatte bereits festgestellt, dass die getrennten Kirchen und Gemeinschaften eine Bedeutung im Geheimnis des Heils haben: »Denn der Geist Christi hat sie gewürdigt, sie als Mittel des Heils zu gebrauchen, deren Wirksamkeit sich von der der katholischen Kirche anvertrauten Fülle der Gnade und Wahrheit herleitet« (UR 3). In der Kirchen-Konstitution von 1964 war ebenfalls schon erwähnt worden, dass außerhalb der römisch-katholischen Kirche »vielfältige Elemente der Heiligung und der Wahrheit zu finden sind, die … auf die katholische Einheit hindrängen« (LG 8). Auch Katholiken, Theologen wie Laien, sind immer wieder überrascht von dieser ungebrochenen »Macht- und Überlegenheitsideologie« (Zeitzeichen 7, 2008, 32) Roms, die in solcherlei herablassenden Formulierungen durchscheint.

Aus diesen Definitionen und wertenden Texten geht hervor, dass es für Rom keinerlei Spielraum gibt, außerhalb des römisch-katholischen Kirchenkonzeptes über Kirche ins Gespräch zu kommen. Positiv zu registrieren, sind hingegen die Bemühungen der römisch-katholischen Kirche, auf allen Ebenen des praktischen Handelns Gespräche und Zusammenarbeit zu suchen. Papst Pius XI. hatte 1928 die Teilnahme von Katholiken an interkonfessionellen Gesprächen und Zusammenkünften noch strikt untersagt. Schon wenige Jahre später werden die Katholiken im Ökumenismus-Dekret von 1964 (UR 9) vom Konzil zu solchen Begegnungen geradezu verpflichtet.

9.2.8 Der Papst und die Einheit der Kirche
Die zunehmend römisch bestimmte katholische Kirche des Westens hat seit dem Mittelalter immer wieder zum Ausdruck gebracht, dass zur Kirche nur gehören kann, wer den Vorrang des römischen Bischofs anerkennt. Mit dem Dogma vom Rechtsprimat des Papstes über die gesamte Kirche wurde 1870 auch definiert, dass es für das Kirchesein konstitutiv und unerlässlich ist, durch den Papst geleitet zu werden. Wer dem widerspricht, verfällt dem *Anáthema*, schließt sich also selbst aus der kirchlichen Gemeinschaft aus (D 3055). Aus

römisch-katholischer Sicht kann es ohne die Anerkennung des päpstlichen Primats keine Einigkeit der Kirchen geben.

Im Vatikanum I wurde das Papstamt sogar als das Band hervorgehoben, das die Kirche einigt (D 3050f). Die tragende Rolle des Papstes für die Einheit der Kirche wurde vom Vatikanum II voll bestätigt. Im Kirchendekret heißt es: »Der Bischof von Rom ist als Nachfolger Petri das immerwährende, sichtbare Prinzip und Fundament für die Einheit der Vielheit von Bischöfen und Gläubigen« (LG 23). Drei Jahre, nachdem das Konzil dem Papstamt die zentrale Rolle für die Einheit der Kirche zugeschrieben hatte, stellte Papst Paul VI. 1967 fest: »Wir sind uns vollkommen bewusst, dass der Papst das größte Hindernis auf dem Weg zum Ökumenismus ist« (nach TRE 25, 680). Diese Erkenntnis muss in der Hierarchie der kirchlichen Wahrheiten offenbar sehr tief angesiedelt sein, denn in *Dominus Iesus* wird gleich mehrere Male darauf hingewiesen, dass die einzige Kirche Christi eben nur in jener katholischen Kirche verwirklicht ist, die vom Nachfolger Petri geleitet wird (LG 16 und 17).

9.2.9 Wie Einheit zu erreichen ist

In der Erklärung *Dominus Iesus* wendet sich J. Ratzinger wie auch in vielen seiner Äußerungen als Papst gegen die falsche Vorstellung, dass die Einheit der Kirche als ein Ziel zu sehen sei, zu dem hin wir von vielen Seiten her erst unterwegs seien. Er weist darauf hin, dass nach römisch-katholischer Überzeugung das Wesen und die Gestalt und Einheit der Kirche von Gott vor aller Geschichte vorgegeben, durch Jesus gestiftet und in der römisch-katholischen Kirche bereits voll verwirklicht sind. Es gilt daher, die Einheit nicht erst zu suchen, sondern in die Einheit einzustimmen, die in der römisch-katholischen Kirche längst gegeben ist. So schreibt er: »Daher dürfen die Christgläubigen sich nicht vorstellen, die Kirche sei nichts anderes als eine gewisse Summe von Kirchen und kirchlichen Gemeinschaften – zwar getrennt aber doch irgendwie eine; und es steht ihnen keineswegs frei anzunehmen, die Kirche Christi bestehe heute in Wahrheit nirgendwo mehr, sondern sei nur als Ziel zu betrachten, das alle Kirchen und Gemeinschaften suchen müssen. In Wirklichkeit existieren die Elemente dieser bereits gegebenen Kirche in ihrer ganzen Fülle in der katholischen Kirche ...« (DI 17)

Wo also liegt der Unterschied zwischen den vorkonziliaren und den gegenwärtigen Lösungsangeboten des römischen Katholizismus zur Einheit der Kirche? Papst Pius XI. konnte sich 1928 nur die »Rückkehr aller getrennten Brüder zur einen wahren Kirche Christi« vorstellen (MA). In heutigen römisch-katholischen Äußerungen wird vehement bestritten, dass der Weg der nichtrömischen Kirchen zur Einheit als Rückkehr-Ökumene gemeint sei. Am römisch-katholischen Kirchenverständnis hat sich allerdings durch das Vatikanum II in der Sache nichts geändert (siehe 9.2.6). So darf man zusammenfassen: Der Ruf: »Zurück in die römisch-katholische Kirche!« galt gestern. Heute heißt es: »Vorwärts in die römisch-katholische Kirche!«

9.3   Der Protestantismus

9.3.1 Das protestantische Kriterium für Kirche und kirchliche Einheit

Die frühe Kirche und die Orthodoxie hatten neben den biblischen Zeugnissen auch die Stimmen der Kirchenväter und die ersten sieben ökumenischen Konzilien als Quellen der Wahrheit verstanden. Im Mittelalter trat im römischen Katholizismus eine weitere Quelle hinzu: das kirchliche Lehramt. Die Reformatoren haben demgegenüber allein die biblischen Zeugnisse als authentische Quelle gelten lassen und das, was sich in der gewachsenen Tradition als biblisch begründet ausweisen konnte. Das führte zu der Erkenntnis, dass die Kirche Christi und die Einheit der Kirche sich dort ereignen, wo in der Versammlung der Gläubigen »das Evangelium rein gepredigt und die heiligen Sakramente (Taufe und Abendmahl) dem Evangelium gemäß gereicht werden« (CA VII) und wo das Evangelium auch in der Welt durch Wort und Tat bezeugt wird. Kirche selbst wird als ein Geschöpf des Wortes Gottes verstanden und will selbst wieder zum Wort Gottes für die Welt werden. Das war kein Programm für die Neugründung einer Kirche, sondern sollte die vorhandene Kirche zu ihren Wurzeln zurückführen. Die Geschichte entwickelte sich hingegen anders.

9.3.2 Gottes Wort als Quelle, Mitte und Wesen der Kirche

In der Orthodoxie und im römischen Katholizismus gilt die Eucharistie als Quelle, Mitte und Höhepunkt kirchlichen Lebens und christlichen Glaubens. Die biblischen Zeugnisse sagen, dass das Wort Gottes die einzige Quelle ist, aus der Kirche entsteht und lebt. Das Abendmahl erweist sich neben der sprachlich hörbaren Gestalt des Wortes Gottes als dessen sichtbare Gestalt. Das Abendmahl ist ein Modus des Wortes. Gottes Wort ist die Botschaft, die in wortsprachlichen und gestischen Symbolen zum Ausdruck bringt, was uns Jesus durch sein Kommen, Wirken, Reden und Sterben an Lebensmöglichkeit eröffnet hat. Eben diese Realität muss durch Menschen immer neu Sprache werden.

9.3.3 Kirche Christi als Kirche im Werden

Kirche ist nach protestantischer Überzeugung keine von Gott vorgegebene, überzeitliche Wesenheit, sondern ein ständiges Werden und Neuwerden aus dem in Christus Mensch gewordenem Wort Gottes. Sie kann auch keine zeitlos vorgegebene Gestalt haben, weil sie als geschichtliche Größe den örtlich konkreten Gegebenheiten entsprechen muss, um ihren Auftrag zu erfüllen. Sie muss nicht nur unterschiedliche Gestalten annehmen, sondern diese Gestalten müssen sich angesichts der wechselnden Herausforderungen durch die Umwelt auch notwendig ändern. Organisatorische Uniformität und starres Festhalten am einmal Gewordenen läuft dem dynamischen Charakter von Kirche und Leben zuwider. Die angemessene und notwendige Gestalt der Kirche muss sich daran orientieren, wie die empfangene Christusbotschaft im Hier und Heute wieder Botschaft für Menschen werden kann. Der Kirche wohnt eine in der Schrift gegründete Variabilität der Gestalt inne. Es kann auch keine zeitlos gültigen Satzwahrheiten über die Gestalt der Kirche geben, da alle christlichen Aussagen von Menschen formuliert sind und damit zeitbedingte und zeitbezogene Wahrheiten bleiben. Das gilt auch bereits für die biblischen Texte. Deshalb sind der Bibel keine überzeitlichen Ist-Sätze zu entnehmen. Biblische Texte geben ihren konkreten Gehalt erst im Auslegungshorizont ihrer Situation frei, und sie müssen im Auslegungshorizont der jeweiligen historischen Situation neu konkret werden. Das heißt, wir bringen zur Sprache, was in unserer Welt Kirche ist, wenn wir sagen, was die bleibende Quelle ist, aus der der christliche Glaube und christliche Gemeinden leben, und was es heißt, in *unserer* Welt aus dieser Quelle zu leben, und was die Aufgabe der christlichen Gemeinden für diese Welt ist. Zur Kirche Christi gehört man nicht deshalb, weil man an vorgeschriebene Sätze glaubt, sondern, weil und sofern man zusammen mit anderen aus der in der Schrift bezeugten Wahrheit lebt. Das ist an der Mitgliedschaft in einer bestimmten Kirche nicht ablesbar.

9.3.4 Kirche als offene, selbstkritische Dialog-Gemeinschaft

Die christlichen Gemeinden waren von Beginn an eine überregionale Dialog-Gemeinschaft. Nur als solcher konnte es ihnen gelingen, sich auf einen Kanon unterschiedlicher Schriften zu einigen, in denen man die Christusbotschaft angemessen zum Ausdruck gebracht sah. Die Gemeinsamkeit des Zeugnisses in den unterschiedlichen Schriften sah man nicht in der Übereinstimmung von Formulierungen, sondern in dem, was sie in z. T. recht unterschiedlichen Sprach- und Denkformen meinten und bezeugten.

Kriterium der Auswahl war die inhaltliche Nähe zu jenem Wort Gottes, das in der Person und im Wirken Jesu menschliche Gestalt angenommen hatte. Dieses sollte deshalb der Maßstab aller Schriftauslegung bleiben. Was als die Mitte der Schrift zu gelten hat, von der her sie zu verstehen ist, das kann nicht von einer übergeordneten externen Instanz festgelegt werden, sondern dieser Maßstab muss aus den biblischen Schriften selbst gewonnen werden. Das ist der Kern des reformatorischen Prinzips des *sola sciptura* (allein die Schrift) (siehe 4.5.2).

Die Auslegung der Schrift bleibt die Aufgabe der christlichen Dialog-Gemeinschaft. Sie ist nicht an kirchenamtliche Vertreter delegierbar oder gar deren Monopol. Die biblischen Schriften enthalten eine Vielfalt an Denk- und Sprachformen. Christlicher Glaube konnte sich von Beginn an nur in geschichtlich bedingten Ausdrucksformen artikulieren, die gerade in ihrer spannungsreichen Vielfalt der Formen das inhaltliche Zentrum klar profilierten. Wie die Speichen eines Rads auf dessen Drehpunkt hinweisen ohne selbst die Mitte zu sein, lassen sich auch die heute gegebenen Konfessionen als die menschlich bedingten und historisch gewordenen Ausformungen des christlichen Glaubens sehen, die aus unterschiedlichen Richtungen auf je ihre Weise auf die Mitte hinweisen, dieser Mittelpunkt aber nicht selbst sind. Wie in den biblischen Schriften, so kann sich auch heute erst im Dialog über die Konfessionsgrenzen hinweg und in Auseinandersetzung über die unterschiedlichen Herangehensarten erweisen, was in den einzelnen Kirchenmodellen dieser Mitte entspricht und was durch fremde Gedanken überformt ist.

Kirche bedarf daher der steten selbstkritischen Kontrolle des eigenen Selbstverständnisses und der eigenen Gestalt, und zwar im Dialog der weltweiten Christenheit. Kirchen, die sich der kritischen Selbstkontrolle auf dem offenen Forum der Dialog-Gemeinschaft verweigern oder diese verlassen und sich selbst für die verwirklichte Mitte halten, machen sich damit zu Sekten. Das hat die orthodoxe Kirche schon früh der Kirche Roms vorgehalten.

Dialog-Gemeinschaft der Bischöfe ist in der orthodoxen Kirche üblich und gipfelt in der römisch-katholischen Kirche in der Dialog-Gemeinschaft der Bischöfe mit dem Papst. Die christliche Wahrheit ist aber nicht dem geweihten Klerus einer Konfession verheißen, sondern der christlichen Gemeinschaft als ganzer anvertraut. Deshalb muss die christliche Dialog-Gemeinschaft weltweit und auch offen für alle sein. Die Forschergemeinschaft der Bibelwissenschaftler und Kirchenhistoriker haben bereits einen ermutigenden Anfang für einen weltweiten, überkonfessionellen und offenen Dialog gemacht. Die protestantischen Kirchen haben mit der Leuenberger Konkordie von 1973 ein Dialog-Modell geschaffen, das Kirchengemeinschaft in den zentralen Fragen christlichen Glaubens ermöglicht, ohne die Uniformität des Denkens und die organisatorische Einheit zu fordern.

Selbstkritisch ist anzumerken, dass auch protestantische Kirchen dem Gesetz der Verfestigung unterliegen und dazu neigen, historisch bedingte Entscheidungen der Reformationszeit und das Gewohnte zur bleibenden Norm zu erheben. Eine kritische Selbstprüfung an der Schrift wird zeigen, dass in den protestantischen Kirchen noch einige Reformen nachzuholen und zu Ende zu führen sind, die im geistig-kulurellen Kontext der Reformationszeit noch nicht im Blick sein konnten. Reformation kann niemals abgeschlossen sein. Während Reformentscheidungen in der Orthodoxie vom Bischofskollegium und im römischen Katholizismus in letzter Instanz vom Papst getroffen werden, bleibt es im Protestantismus eine Aufgabe der theologischen Arbeit, in der Dialog-Gemeinschaft das Vorhandene an der Schrift zu prüfen und das Erforderliche im Einklang mit der Schrift zu entwickeln. Die Auslegungsinstanz – falls man von einer solchen sprechen will – ist die *offene und selbstkritische theologische Dialog-Gemeinschaft der Christenheit.*

9.4   Einheit der Kirche?

Die Bemühungen um eine Einheit der Kirche, die unter dem Stichwort» Ökumene« seit mehr als hundert Jahren im Gange sind, haben trotz großen Einsatzes der Beteiligten zu einem ernüchternden Ergebnis geführt: Es ist bisher keine Verständigung darüber in Sicht, was unter »Einheit der Kirche« zu verstehen ist. Das Vatikanum II sah das Ziel der ökumenischen Bewegung darin, alle Hindernisse zu überwinden, die der Einheit der einen und einzigen Kirche im Wege stehen. Die dogmatische Konstitution über die Kirche von 1964 (LG 8) ließ keinen Zweifel darüber bestehen, was damit gemeint ist. Und die offizielle Interpretation des kirchlichen Lehramtes ist in *Dominus Iesus* von 2000 klar formuliert: Es »muss in Verbindung mit der Einzigkeit und der Universalität der Heilsmittlerschaft Jesu Christi die Einzigkeit der von ihm gestifteten Kirche als Wahrheit des katholischen Glaubens fest geglaubt werden. Wie es nur einen einzigen Christus gibt, so gibt es nur einen einzigen Leib Christi, eine einzige Braut Christi: die eine alleinige katholische und apostolische Kirche« (DI 16). Einheit ist hier als sichtbare Einheit der römisch-katholischen Kirche unter der Leitung des Papstes verstanden.

Dem widerspricht die Orthodoxie vehement. Sie beansprucht für sich, »der Träger und der Zeuge des Glaubens sowie der Tradition der einen heiligen katholischen und apostolischen Kirche zu sein« (Kallis 03, 360). Aus diesem Selbstverständnis folgert sie, »dass die orthodoxe Kirche das Einheitsmodell, das die anderen suchen, existenziell vergegenwärtigt: Gott ruft alle Christen zur Einheit des Glaubens auf, wie sie in der orthodoxen Kirche im Mysterium und in der Tradition gelebt wird« (Kallis 03, 360).

Weder das römisch-katholische noch das orthodoxe Verständnis von Einheit ist mit der protestantischen Sicht in Einklang zu bringen, wonach nicht eine Einheitskirche, sondern eine Gemeinschaft der Kirchen in versöhnter Verschiedenheit anzustreben wäre. In der Leuenberger Konkordie von 1973, die inzwischen von mehr als hundert protestantischen Kirchen unterzeichnet wurde, wird festgestellt, dass zur wahren Einheit der Kirche »die Übereinstimmung in der rechten Lehre des Evangeliums und in der rechten Verwaltung der Sakramente« notwendig und ausreichend ist.

Dieses Konzept stößt freilich an seine Grenzen, wenn es um die Frage geht, wie und durch wen die rechte Lehre zu ermitteln ist. Die römisch-katholische Kirche besteht auf der Deutungshoheit des kirchlichen Lehramts, während das rechte Verständnis des Evangeliums und der Sakramente nach protestantischem Verständnis der offenen Dialog-Gemeinschaft aller Christen anvertraut ist. Bei diesem Dialog über das rechte Verständnis der biblischen Texte kann es nicht um zahlenmäßige Abstimmungen gehen. Die in der Heiligen Schrift enthaltene Wahrheit ist vielmehr im Kontakt mit den wissenschaftlichen Erkenntnissen der Zeit und mit den besten Methoden theologischer Forschung, die uns für das Erschließen und Verstehen von Texten zur Verfügung stehen, für unsere Gegenwart erst zu finden. Die Frage der Deutungskompetenz biblischer Texte ist für die römisch-katholische Kirche nicht verhandlungsfähig, denn sie ist nach ihrem Verständnis des Bischofs- und des Papstamtes unwiderruflich beantwortet (siehe 6.3–6.7).

Der Blick auf die Frage der Deutungskompetenz zeigt, dass das bisher verfolgte ökumenische Konsensmodell, wonach Einheit über den Konsens in Lehrfragen erreicht werden soll, trotz einer Unzahl von Konferenzen und Arbeitspapieren kein erfolgversprechender Weg zu sein scheint. Die Verständnisse von Einheit, Kirche, Amt und Wahrheit sind so unterschiedlich und liegen so weit auseinander, dass auf dem Weg eines Lehrkonsenses selbst ein kleiner gemeinsamer Nenner nicht in Sicht ist.

Da es aber für die Christenheit zu einer Ökumene der Kirchen keine Alternative gibt, bringt U. H. J. Körtner (evang.), Professor für systematische Theologie in Wien, folgenden Vorschlag ins Gespräch: »Die Antwort (auf das Scheitern der bisherigen Bemühungen) kann wohl nur in einer von konstruktiver Toleranz getragenen Ökumene des wechselseitigen konfessionellen Respekts bestehen. Diese Option besagt, dass sich die Kirchen unbeschadet der vorhandenen Differenzen wirklich *als Kirchen anzuerkennen haben und dass diese Anerkennung nicht erst das Ergebnis, sondern die Voraussetzungen künftiger ökumenischer Gespräche ist*. Zwischen den protestantischen Kirchen und der römisch-katholischen Kirche fehlt diese Voraussetzung, solange die katholische Kirche die anderen lediglich als ›getrennte‹ bzw. ›kirchliche Gemeinschaften‹ ansieht« (Körtner 05, 25).

Die uniforme Einheit der Kirche war weder jemals eine Realität noch ist sie ein erstrebenswertes oder gar erreichbares Ziel. Die Kirche war von Beginn an eine Gemeinschaft, die sich in konkreten Situationen aus dem Geist und der Zusage des Evangeliums immer neu konstituierte und durch Menschen situationsgemäß gestaltet werden musste. Die Differenzierung in unterschiedliche Modelle ist die Normalität, weil auch die Vielheit der Kulturen und Lebensbedingungen das Normale ist. Die Frage kann nicht sein: Wer und wo ist die einzig wahre Kirche? Die Frage muss lauten, wie das Zusammenleben dieser komplexen Vielheit zu gestalten ist, damit in der Vielfalt kirchlicher Lebensformen die eine und gleiche Christusbotschaft erhalten wird und für die Zeitgenossen sichtbar und hörbar werden kann. In einer offenen Dialog-

Gemeinschaft gleichwertiger Partner, die auf der Basis der gemeinsamen biblischen Schriften und im Kontakt mit den Herausforderungen der Zeit nach jenem Christuszeugnis fragt, aus dem Kirche lebt, kann sich zu jeder Zeit die Einheit der Kirche in ihrer ursprünglichsten Weise verwirklichen.

Zitierte Literatur

Hinter den Zitaten wird in (...) deren Herkunft dokumentiert. Bei selbstständigen Texten wird nach dem Verfassernamen nur die Seitenzahl des Werkes genannt. Bei mehreren Werken desselben Verfassers wird der Seitenzahl das Erscheinungsjahr vorangestellt (z. B. Frieling 02, 123). Bei mehrbändigen Werken, Lexika und Sammelwerken wird hinter dem Verfassernamen oder dem Kürzel für die Werkreihe die Bandzahl und die Seitenzahl angegeben (z. B. TRE 18, 513).

AG – Ad Gentes – Dekret des Vatikanum II, 1965

Barmen 34 – Barmer Theologsche Erklärung 1934

CA – Confessio Augustana, 1530

Calvin, J., Institutio 4 christanae religionis, deutsch nach der letzten Ausgabe von 1559 übersetzt und bearbeitet von O. Weber, Neukirchen-Vluyn, 2. Aufl. 1963

CHP – Confessio Helvetia Posterior, 1562

CIC – Codex Iuris Cnnici/Codex des kanonischen Rechts, 1983 (Die Zahl bezeichnet die Nummer des Kanons)

D – Denzinger, H. (Bgr.)/Hünermann, P. (Hg.), Kompendium der Glaubensbekenntnisse und kirchlichen Lehrentscheidungen, 37. Aufl. 1991

Daunis, R., Evangelisch sein, Aachen 2008 (Eine originelle »Kleine Konfessionskunde für Nichttheologen« von einem ehemaligen römisch-katholischen Priester)

Denzler, G., Das Papttum, München 1997

DI – Dominus Iesus, Eklärung der Kongregation für Glaubenslehre, 2000

DV – Die Verbum – Domatische Konstitution über die göttliche Offenbarung, Vatikanum II, 1965

Ebeling, G., Wort Gottes und Tradition, Göttingen 1964

EKL – Evangelisches Kirchenlexikon, 5 Bde, 1986ff

Fischer 08 – Fischer, H., Haben Christen drei Götter? Entstehung und Verständnis der Lehre von der Trinität, Zürich 2008

Fischer 09 – Fischer, H., Gmeinsames Abendmahl? Das Abendmahlsverständnis er großen Konfessionen, Zürich 2009

Fleischmann – Fleischmann Bisten, W. (Hg.), Papstamt – pro und contra, Göttingen 2001

Friedrich, M., Kirche, Göttingen 2008

Frieling 99 – Frieling, R./Geldbach, E./Thöle, R. (Hg.), Konfessionskunde, Stuttgart 1999

Frieling 02 – Frieling, R., Amt, Göttingen 2002

Frieling 06 – Frieling R., Im Glauben eins – in Kirchen getrennt? Visionen einer realistischen Ökumene, Göttingen 2006

GOF – Gemeinsame offizielle Feststellung, 1999

Grabner – Haider A./Maier, J., Kulturgeschichte des frühen Christentums, Göttingen 2008

Härle, W., Artikel »Kirche VII« in TRE Bd, 18, 277–317

Härle 00 – Härle, W., Dogmatik, 2. Aufl. Berlin 2000

Hasenhüttl, G., Glaube ohne Mythos, Bd. 1 und 2, Mainz 2. Aufl. 2001

HbD – Handbuch der Dogmatik, Hg. Th. Schneider, Band 1 und 2, 2. Aufl. Düsseldorf 2002

HrwG – Handbuch religionswissenschaftlicher Grundbegriffe, Band 1 bis 5, Hg. H. Cancik u. a., Stuttgart 1988–2001

Ignatius von Antiochien, An die Smyrnäer, vor 115, in: Kirchen- und Theologiegeschichte in Quellen, Hg. H. A. Obermann u. a., Band 1, S. 17

Kallis, A., Artikel »Orthodoxe Kirche«, in TRE, Bd. 18, S. 252–262

Kallis 03 – Kallis, A., Das hätte ich gerne gewusst, Münster 2003

KKK – Kathechismus der Katholischen Kirche, 1993

KKK – Komp Katechismus der Katholischen Kirche – Kompendium, Bonn 2005

Körtner U. H. J., Wohin steuert die Ökumene?, Göttingen 2005

KThQ – Kirchen- und Theologiegeschichte in Quellen, Hg. H. A. Obermann u. a., Band 1 bis 4, Neukirchen-Vluyn, 3. Aufl. 1989ff und 5. Aufl. 1991ff

Küng 70 – Küng, H., Unfehlbar? Eine Anfrage, Einsiedeln 1970

Küng 02 – Küng, H., Kleine Geschichte der katholischen Kirche, Berlin 2002

Küng 07 – Küng, H,. Das Christentum. Wesen und Geschichte, München 2007

Larentzakis 00 – Larentzakis, G., Die orthodoxe Kirche, Graz 2000

Lessing E., Theologischer Anspruch und praktische Geltung des Schriftprinzips, in: Ziegert, R. (Hg.), Die Zukunft des Schriftprinzips, Stuttgart 1994, 132–139

LG – Lumen Gentium, Dogmatische Konstitution über die Kirche, Vatikanum II 1964

LK – Leuenberger Konkordie, Konkordie reformatorischer Kirchen in Europa, 1973

Luz, U., Was heißt »Sola Scriptura« heute? in Ev. Theologie, 57. Jg. 1997, 28–35

MA – Mortalium Animus, Enzyklika von Pius XI., 1928

MdKI – Materialdienst des Konfessionskundlichen Instituts Bensheim

Paulsen, H., Sola Scriptura und das Kanonproblem, in: Schmid, H. G/Mehlhausen, J. (Hg.), Sola Scriptura, Gütersloh 1991, 61–78

PO – Presbyterorum Ordinis – Dekret über Dienst und Leben der Priester, Vatikanum II, 1965

RS – Redemptionis Sacramentum, Instruktion im Auftrag und approbiert von Johannes Paul II., 2004

Sauter, G., Schrifttreue ist kein »Schriftprinzip«, in: Ziegert, R. (Hg.), Die Zukunft des Schriftprinzips, Stuttgart 1994, 259–278

SC – Sacrosanctum Concilium – Konstitution über die heilige Liturgie, Vatikanum II, 1963

Theissen, G., Das neue Testament, München 1995

Thon, N., Artikel »Orthodoxe Kirche« in : Drehsen, K. u. a. (Hg), Wörterbuch des Christentums, Gütersloh 1955, 921–923

WA – Martin Luther, Werke, Kritische Gesamtausgabe, Weimar 1883ff

Wagner, F., Auch der Teufel zitiert die Bibel in: Ziegert, R. (Hg.), Die Zukunft des Schriftprinzips, Stuttgart 1994, 236–258

WbCh – Wörterbuch des Christentums, hgg. von Drehsen, K. u. a., Gütersloh 1995

Wenz G., Das Schriftprinzip im gegenwärtigen ökumenischen Dialog zwischen Reformationskirchen und der römisch-katholischen Kirche, in: Schmid, H. G./ Mehlhausen, J. (Hg), Sola Scriptura, Gütersloh 1991, S. 304–316

WG – Wachsende Gemeinschaft in Zeugnis und Dienst. Reformatorische Kirchen in Europa. Texte der 4. Vollversammlung der Leuenberger Konkordie in Wien, Frankfurt/M. 1995

Wiedenhofer S., Artikel »Eklesiologie«, in: Schneider, Th., (Hg.), Handbuch der Dogmatik, Band 2, Düsseldorf 2. Aufl. 2002, 47–154

Zeitzeichen –Zeitzeichen – Evangelische Kommentare zu Religion und Gesellschaft

Glossar

Apostel	Gesandter, Jünger Jesu; *apostolisch*: von den Aposteln stammend
Anáthema	Exkommunikation, Ausschluss aus der kirchlichen Gemeinschaft
autokephal	kirchlich selbstständig als Patriarchat oder als Nationalkirche
Bulle, die	feierliches Sendschreiben des Papstes
cáthedra	Lehrstuhl, Ehrensitz eines römisch-katholischen Bischofs
cáthedra Petri	Thron des Papstes einschließlich der päpstlichen Lehrvollmacht
character indelebilis	unauslöschliche Prägung durch Taufe, Firmung und Priesterweihe
Chárisma	Gnade, Gnadengabe
Charismatiker	Person, die aus ihren Gnadengaben handelt

Chorrock	aus Leinen gefertigtes weißes, knielanges liturgisches Gewand, das über einer anderen Kleidung getragen wird
Codex Iuris Canonici	verbindliches Gesetzbuch der römisch-katholischen Kirche
Dekret	verbindlicher Bescheid, Entscheidung des Papstes
Dictatus papae	die Leitsätze von Papst Gregor VII. von 1075 zur Kir chenpolitik
Diözese	geistlicher Verwaltungsbezirk, Bistum
Dogma	konfessionell verbindliche Lehre
Ekklesía	(gr.); *ecclésia* (lat.)Kirche
Ekklesiologie	Lehre von der Kirche
Enzyklika	Rundschreiben des Papstes. Bischöfe und Gläubige haben die Pflicht, die Inhalte der Enzyklika anzunehmen und weiterzugeben
Episkop	Aufseher. Ab Mitte des 2. Jahrhunderts Bezeichnung für das zentrale kirchliche Leitungsamt in der Gemeinde im Sinne eines orthodoxen oder römisch-katholischen Bischofs
Episkopalismus	die in der römisch-katholischen Kirche nicht mehr gültige Position, nach der die oberste Gewalt in der Kirche bei den Bischöfen liegt, nicht beim Papst und der Kurie
Ethos	sittliche Einstellung
Eucharistie	(gr.: Danksagung) Feier des Heiligen Abendmahls
ex cáthedra	aus päpstlicher Vollmacht gesprochen und daher unfehlbar
ex opere operatum	(lat.: durch das vollzogene Werk) sakramentale Handlung, die allein durch ihren Vollzug wirksam wird, und zwar unabhängig von den subjektiven Voraussetzungen der daran Beteiligten

Evangelisten	Verfasser der Evangelien nach Matthäus, Markus, Lukas und Johannes
Evangelium	gute Botschaft; Literarische Gattung, welche die Jesusgeschichte darstellt
Gnosis	(gr.: Erkenntnis) religionsphilosophische Bewegung der ersten Jahrhunderte n. Chr., die den Glauben durch Erkenntnis zu ersetzen suchte
Häresie	Überzeugung, die von der jeweiligen kirchliche Lehre abweicht. Ketzerei.
Häretisch	ketzerisch. Der Kirchenlehre widersprechend.
Hierarchie	priesterliche Rangordnung in der römisch-katholischen Kirche
Homilie	Predigt, die Vers für Vers dem Bibeltext folgt
Index: (librorum prohibitorun)	Liste (der Bücher, die vom Lehramt der rö misch-katholischen Kirche den Katholiken zu lesen verboten sind)
Inkarnation	(lat. Fleischwerdung) Menschwerdung des göttlichen Logos in Jesus
Inquisition	(lat. Glaubenserforschung) päpstliches Tribunal, das Ketzer aufspüren, verfolgen und unschädlich machen soll
Interzelebration	Gemeinsames gottesdienstliches Handeln von Amtsträgern verschiedener Kirchen
Irenismus	Friedfertigkeit um jeden Preis
Jurisdiktion	Vollmacht und Gewalt zur Rechtsprechung
Kanon	Richtschnur, Maßstab, Norm; die in ihrem Umfang festgelegte Sammlung der von der Kirche anerkannten Heiligen Schriften; Kirchliche Lehrformulierungen der Konzilien
Klerus	Orthodoxe und römisch-katholische Geistliche, die durch ihre Weihe aus dem Stand der Laien herausgehoben worden sind

Koinonie	Gemeinschaft
Kongregation-	(lat. Vereinigung) hier: hochrangig besetzte päpstliche Behörde für spezielle Aufgabenbereiche
Kongregationalisten	Kirchen, deren Einzelgemeinden im höchstmöglichen Grad unabhängig sind
Konkordie	(lat. Eintracht) Einigungstexte protestantischer Kirchen
Konsekration	(lat. Weihung) z. B. Weihung eines Bischofs oder Wandlung der Elemente bei der Eucharistie
Konstitution	kirchliche, besonders päpstliche Erlasse mit Gesetzeskraft
Konzelebration	Gemeinsamer Vollzug einer gottesdienstlichen Handlung
Konzil	Versammlung von Bischöfen (= Synode)
Konziliarismus	In der römisch-katholischen Kirche die nicht mehr gültige Konzeption, nach der die Gesamtheit der Bischöfe eines Konzils dem Papst übergeordnet ist
Kurie	hochrangig besetzte päpstliche Zentralbehörden der Kirchenverwaltung
Liturgie	Die amtliche Form des Gottesdienstes
Magistrat	im antiken Rom ein hoher Beamter
Märtyrer	Blutzeuge; Christ, der wegen seines Glaubens getötet worden ist
Modus	Art und Weise des Seins
Monarchisches Bischofsamt	Gemeindeleitung durch nur einen Bischof (seit Mitte des 2. Jahrhunderts)
Monotheletismus	Die Lehre, nach der die zwei Naturen Christi nur einen Willen haben
Nicaeno-Constantinopolitanum	Altkirchliches Bekenntnis, angenommen auf dem Konzil von Konstantinopel 381
Ontologisch	Sich auf das Sein beziehend

Ordinand	Person, die ordiniert werden soll
Ordination	kath.: kirchliche Amtseinsetzung durch Wiehe; prot.: Bestätigung für das Amt der öffentlichen Verkündigung
Papalismus:	Die in der römisch-katholischen Kirche geltende Position, nach der der Papst in der Kirche die oberste Macht innehat
Patriarch	Titel der obersten Bischöfe in den orthodoxen Kirchen
Patriarchat	Amtsbereich eines Patriarchen
Presbyter	Urchristliche Bezeichnung für Gemeindeleiter in unterschiedlichen Funktionen
Presbyterial	Gemeindeverständnis, wonach Gemeindeglieder und Amtsträger in der Gemeindearbeit und Gemeindeleitung gleichberechtigt zusammenarbeiten
Primat	Erste Stelle, Vorrang des Papstes
Sakrament	Heilige Handlung. Konfessionell unterschiedlich verstanden
Sacra potestas	Handlungsvollmacht des geweihten Amtsträgers
Sukzession	Apostolische: (lat.) Nachfolge; Ununterbrochene Nachfolgekette der Bischöfe von den Aposteln an
Syllabus Errorum	Päpstliches Verzeichnis und Zusammenfassung der vom kirchlichen Lehramt verurteilten kirchlichen, religiösen, philosophischen und politischen Lehren und Gedanken (1864 und 1907)
Synode	(gr.) Zusammenkunft; altkirchlich, orthodox und römisch-katholisch: Versammlung der Bischöfe einer Region oder der gesamten Kirche. Protestantisch: Versammlung von Vertretern der Gemeinden; als

	Kirchensynode das Gesetzgebungsorgan und die Kontrollinstanz der Kirchenleitung; *synodal:* die Synode betreffend
Triade	Dreiheit
Trinität	Dreieinigkeit oder Dreifaltigkeit Gottes als des Vaters, des Sohnes und des Heiligen Geistes
Unfehlbakeit	(Infallibilität) Lehre von der Unfehlbarkeit des Papstes bei dessen Entscheidungen ex cathedra in Fragen des Glaubens und der Sitte
Vatikanum	Konzil im Vatikan
Zelebration	feierlicher Vollzug einer Zeremonie
Zölibat	Von lat. *caelebs*/ehelos; gesetzliche Ehelosigkeit von Klerikern
Zungenreden	(Glossolalie) ekstatisches Hervorbringen fremdartiger Sprachlaute, Stammeln in fremdartigen Sprachen